Thomas Loer
Selbstverlöschen

Thomas Loer
Selbstverlöschen

Erfahrung und Deutung des eigenen Sterbens

Humanities
Online

Bibliografische Information der Deutschen Nationalbibliothek
Die Deutsche Nationalbibliothek verzeichnet diese Publikation in der Deutschen Nationalbibliografie; detaillierte bibliografische Daten sind im Internet über http://dnb.ddb.de abrufbar.

Frankfurt am Main, Germany
www.humanities-online.de
info@humanities-online.de

ISBN 978-3-941743-43-4

Umschlaggestaltung: Uwe Adam
Printed in Germany

Dieses Buch ist auch als E-Book erhältlich:
www.humanities-online.de

Inhalt

Und der Tod
Ist Gebot,
Das versteht sich nun einmal.
(Goethe, Faust II)[1]

Οἶδε μὲν γὰρ οὐδεὶς τὸν θάνατον
(Πλάτων, Ἀπολογία Σωκράτους)[2]

For whatever is truly wondrous and fearful in man, never yet was put into words or books. And the drawing near of Death, which alike levels all, alike impresses all with a last revelation, which only an author from the dead could adequately tell.
(Melville, Moby Dick)[3]

1 Einleitung

Nichts im Leben ist so gewiss wie der Tod und die Tatsache, dass jeder sterben muss.[4] Gleichzeitig ist nicht nur in der Regel die Stunde seines Eintretens ungewiss; vielmehr ist kein zum Leben gehöriges Phänomen so unbekannt, so ungewiss in seiner konkreten Gestalt und so sehr mit projektiven Deutungen versehen wie eben das des Sterbens und des Todes. Die wissenschaftliche Forschung tut sich sehr schwer damit, diesen Gegenstand auf den Begriff zu bringen, und kann sich von den praktischen Deutungen, die er erfährt, kaum lösen: „Der Forscher, der im Namen der Wissenschaft über ein Gebiet spricht, das in die traditionelle Zuständigkeit der Religionen fällt, wird in die Rolle des Künders und Propheten geradezu gedrängt" (Hummel 1988: 15; zit. n. Thiede 1999: 164).[5] Untrennbar verbunden ist damit „one

1 Zit. aus: von Goethe 1832/1982: 298.
2 Zit. aus: Platon 1973: 34, Abschn. 29a {1}. Nummern in geschweiften Klammern verweisen auf die Übersetzungen der fremdsprachigen Zitate in Anhang 2, S. 144.
3 Zit. aus: Melville 1851/1992: 686 {2}
4 Allerdings gilt: „das Wissen, dem Tode nicht entrinnen zu können, ist uns nicht angeboren, sondern eine soziale Erfahrung, Ergebnis eines Lernprozesses, dessen Basis die Erfahrung des Todes anderer ist." (Hahn 1968: 58)
5 Diese in der sogenannten Thanatologie durchaus bekannte Einsicht wird

of the great religious doctrines of the world, the belief in the soul's continued existence in a Life after Death." (Tylor 1871/1929: 1 {3}) Wegen dieser existenziellen Relevanz für menschliche Praxis überhaupt haben wir es hier mit einem Gegenstand zu tun, der niemals ‚erkaltet' und es damit der Praxis grundsätzlich nicht erlaubt, einen regard éloigné (Lévi-Strauss 1983 {4}) auf ihn zu richten,[6] und auch der Wissenschaft fällt dies eben grundsätzlich schwer.

Wenn Praxis der Gegenstand der Soziologie ist, Praxis im Handeln sich erweist und Handeln im Eröffnen und Ergreifen von Möglichkeiten sich vollzieht, dann ist der Tod, der aus der Perspektive der Praxis ein ‚metaphysisches Faktum' darstellt, das uns unser Leben „als durchdrungen von Bitterkeit, als bis zum Rande gefüllt mit dem Gefühl unrettbar verlorener Möglichkeit" (Gustafsson 1970/1985: 79 f.) erfahrbar macht, nicht nur ein Skandalon im praktischen Sinne; vielmehr scheint auch die Wissenschaft vom Handeln dort, wo es doch keine Möglichkeiten mehr gibt, ihr Recht verloren zu haben. So fokussiert etwa Alois Hahn, der wie kein anderer deutscher Soziologe den Tod und das Sterben zum Gegenstand seiner Forschung gemacht hat,[7] zwar auf die Wahrnehmung und Deutung von Tod und Sterben, nicht jedoch auf das Sterben selbst als Handeln oder sei es auch nur als ein Ereignis. Er rückt die „sozial vermittelten Formen der Begegnung mit dem Tod" (Hahn 2002 a: 61) ins Zentrum und meint, daraus sei die „Relevanz, die der Tod für Individuum und Gesellschaft haben kann" (ebd.), abzuleiten. Dabei verkennt er, dass „die Determination des Lebens durch den Tod", wenn sie, wie Simmel annimmt, „universal und ausnahmslos" ist (ebd.), keineswegs zwingend die Annahme einer „metaphysischen Realität des Todes ‚an sich'" (ebd.) voraussetzt. Hahn weist dies, was sich bei Simmel (1910/1984) durchaus findet, zu Recht zurück. Sozial vermittelt aber ist nicht lediglich die von der

allerdings, wie Thiede (a. a. O.) kritisch referierend zeigt, kaum angemessen gewürdigt.

6 Vgl.: „l'expression de regard éloigné. J'ai trouvé qu'elle représentait très bien l'attitude de l'ethnologue regardant sa propre société, non comme il la voit en tant qu'il en est membre, mais comme d'autres observateurs, placés loin d'elle dans le temps ou dans l'espace, la regarderaient." (Lévi-Strauss/Eribon 1988: 249 {5})

7 Vgl.: Hahn 1968, 1989, 1993, 1995, 1996, Lettke et al. 1999, Hahn 2002 a, b, Hahn/Hoffmann 2007, 2009 u. 2012 – Justin Stagl nannte ihn gar schon einen Thanatologen (2002: 563).

jeweiligen konkreten Kultur abhängige, sondern eben auch die durch *Kultur überhaupt* konstituierte, strukturell universelle und unhintergehbare Relevanz des Todes für das Entscheiden und die Selbstrechtfertigung des Individuums. Eine metaphysische Realität des Todes ist nicht wissenschaftlich begründbar, wohl aber eine strukturell universelle Realität, kann doch der Mensch, der als Kulturwesen nicht umhin kann, hypothetische Welten des Andersseins zu entwerfen, der Frage nach dem Jenseits nicht ausweichen – auch wenn diese Frage sich dem vormodernen Menschen nicht als individuelle stellt, da sie von seiner Kultur immer schon beantwortet ist, und auch, wenn das moderne Individuum sie vollständig säkularisiert für sich negativ beantwortet.[8] In seiner frühen Arbeit sieht Hahn dies durchaus und formuliert es so: „Universal ist nicht nur die Tatsache des Todes, sondern auch der Zwang zu seiner Deutung und Bewältigung." (1968: 2) Deshalb strebt er in seiner Arbeit angesichts der „Universalität des Jenseitsglaubens" (a. a. O.: 5) – besser wäre es, von Ubiquität zu sprechen[9] – an, „den Jenseitsglauben auch auf bestimmte universal gegebene sozial-kulturelle Ursachen zurückzuführen" (1968: 5), ohne diese aber zu explizieren.

Der Anthropologe Edward Burnett Tylor, der sich ebenfalls um ein Verständnis des fast in allen Kulturen zu findenden Jenseitsglaubens bemüht, stellt fest: „The belief in a Future Life falls into two main divisions. Closely connected and even largely overlapping one another, both world-wide in their distribution, both ranging back in time to periods of unknown antiquity, both deeply rooted in the lowest strata of human life which lie open to our observation, these two doctrines have in the modern world passed into wonderfully different conditions. The one is the theory of the Transmigration of Souls, which has indeed risen from its lower stages to establish itself among the huge religious communities of Asia, great in history, enormous even in present mass, yet arrested and as it seems henceforth unprogressive in development [...]. Far different has been the history of the

8 Vgl. hierzu den Strukturbegriff der Religiosität, den Ulrich Oevermann entwickelt hat (1995, 2001, 2003).

9 Hahn selbst führt aus: „Es gibt nur wenige uns bekannte Gesellschaften, die nicht irgendeine Form des Glaubens an ein Weiterleben nach dem Tode besitzen. Immerhin zeigen die wenigen Ausnahmen, [...] daß der Jenseitsglaube keine angeborene anthropologische Konstante sein kann." (2002 b: 575)

other doctrine, that of the independent existence of the personal soul after the death of the body, in a Future Life. Passing onward through change after change in the condition of the human race, modified and renewed in its long ethnic course, this belief may be traced from its crude and primitive manifestations among savage races to its establishment in the heart of modern religion, where the faith in a future existence forms at once an inducement to goodness, a sustaining hope through suffering and across the fear of death, and an answer to the perplexed problem of the allotment of happiness and misery in this present world, by the expectation of another world to set this right." (Tylor 1871/1929: 2 {6})

Kann man aber darüber hinaus als Soziologe überhaupt das Sterben selbst untersuchen? Lässt sich Sterben paradox noch als Handeln auf den Begriff bringen? Sterben als eine Handlung, das heißt: als Wahl einer Möglichkeit, müsste zusammengedacht werden damit, dass es doch keine Wahl mehr gibt. „Das Sterben – als Vorgang des menschlichen Lebens – das mag zwar *als Akt* des sterbenden Subjekts vollziehbar sein. Allerdings ist Aktivität in einem solchen Fall doch selbst schon durch eine vorgegebene Passivität ganz und gar bestimmt. Sterben als Akt des Lebens, als letzter Akt des Lebens, ist Verarbeitung eines *Zwanges*, der dem Menschen widerfährt, ist Verarbeitung einer *Passiv-Situation*." (Jüngel 1976/1978: 27; Kursiv. i. Orig.)

Mit diesem begrifflichen Dilemma: einer Aktivität in einer „Passiv-Situation", einer Wahl in einer Situation, die doch offensichtlich ohne Optionen zu sein scheint, noch nicht genug hat Soziologie als Erfahrungswissenschaft das Problem, dass sie auf eine Objektivierung des Handelns angewiesen ist, wenn anders sie es erforschen will.[10] Welche Objektivationen aber kommen infrage? Eine gründliche Analyse eines Videoprotokolls eines Sterbevorgangs wäre ein Anfang. So bemerkt etwa Una MacConville: „Dying people can sometimes be seen to interact with someone not visible to others, by smiling, nodding or talking to them." (2001: 326 {7}); eine Videoaufnahme davon könnte sehr aufschlussreich sein. Auch wäre an Beobachtungen zu denken, wie Sie Anselm Strauss und Barney Glaser in den 1960er

10 Zur Notwendigkeit von gegenwärtigen Spuren als der Grundlage allen empirischen Forschens s. Droysen 1937/1960: 37, Oevermann 1986: 45-55, 1991: 297-304, 1993: 120 ff. sowie Loer 2010: 320 ff., 2013: 46-55.

Jahren machten (Glaser/Strauss 1965, 1968; Strauss/Glaser 1970); allerdings fassten sie zwar den „*Prozeß* des Sterbens" (Glaser/Strauss 1965/1974: 11; Kursiv. i. Orig.) ins Auge, konnten aber, wie sich bei näherer Betrachtung zeigt, nicht nur wegen der Fokussierung auf „Interaktion mit Sterbenden", sondern vor allem wegen der Erhebungstechnik „Feldbeobachtung" bzw. „Feldarbeit" (a. a. O.: 264, 265), „fieldwork" (Strauss/Glaser 1970: 11), das Sterben selbst als Handeln nicht erfassen. Ob der Vorschlag[11] die Erhebung auf Sterbende in Hospizen, die über ihre Erfahrung noch kommunizieren können, zu konzentrieren, weiterführt, wäre zu prüfen. Es ist zu vermuten, dass der Vorteil, noch kommunizieren zu können, nur besteht, solange der Prozess, der eine Sterbenserfahrung ermöglicht, noch nicht eingesetzt hat[12] und im Moment des Sterbens sich gerade verflüchtigt. Zudem wäre es wohl forschungsethisch nicht vertretbar, diesem Verstummen entgegenzuwirken (s. Fn. 13, zur Erzählung von Edgar Allan Poe).

Darüber hinaus wäre es schwierig, bei der Auswahl der Fälle von Sterben kontrastiv vorzugehen; die Zugänglichkeit für eine Videoprotokollierung würde selbst schon eine systematische Selektivität erzeugen, da plötzliche Tode eben nicht erwartbar sind[13] – von ethischen Fragen der Aufrechterhaltung der Würde des Sterbenden ganz zu schweigen. Wenn es zudem über den äußeren Prozess des Sterbens hinaus um Sterben als sequenziell ablaufendes Handeln geht und dieses Handeln mit fortschreitendem Prozess ein inneres Han-

11 Tilman Allert, Frankfurt/M., machte ihn in seinem Kolloquium am 28. Januar 2014, als ich einige der hier entwickelten Argumente dort vortrug.

12 Nicht zu Unrecht bemerkt Eckart Wiesenhütter deshalb zu dem notorischen Buch von Elisabeth Kübler-Ross (1969/1998): „Man müßte also – strenggenommen – das Buch nicht ‚Interviews mit Sterbenden' überschreiben, sondern ‚Interviews mit Todgeweihten'." (1974/1977: 26)

13 Außerhalb der fiktionalen Welt wird wohl nicht vorkommen, was Edgar Allan Poe in einer Erzählung schreibt, in der der Ich-Erzähler mit Hilfe von mesmeristische Experimenten das Phänomen des Sterbens untersuchen möchte: „His disease was of that character which would admit of exact calculation in respect to the epoch of its termination in death; and it was finally arranged between us that he would send for me about twenty-four hours before the period announced by his physicians as that of his decease." (1845/1966: 277 {8}).

deln darstellt – wie etwa Träumen – und sich auch in beobachtbaren ‚leibgebundenen Expressionen' (vgl. Habermas 1970/1982: 352) immer weniger ausdrückt, wird es immer schwieriger, Spuren dieses Handelns aufzufinden – zumal eben anders als beim Träumen eine nachträgliche Erzählung ausgeschlossen ist: „Il s'est trouvé anciennement des hommes si excellens mesnagers du temps, qu'ils ont essayé en la mort mesme, de la gouster et savourer: et ont bandé leur esprit, pour voir que c'estoit de ce passage: mail ils ne sont pas revenus nous en dire les nouvelles: nemo expergitus extat Frigida quem semel est uitai pausa sequuta." (Montaigne 1588/2007: 389 {9}) Der Tod ist eben „The undiscover'd country, from whose bourn / No traveller returns" (Shakespeare 1603/1975: 1088; Hamlet, Act 3, Scene 1 {10}) – Kurz: „Tote reden nicht."[14] Und: „wer redet, ist nicht tot." (Benn 1955/1982; vgl. auch Hahn 1996: 155)

Nun gibt es allerdings eine Kategorie von Erfahrungen, die der Todeserfahrung nach allem was wir darüber wissen können, sehr nahe kommen – um nochmals mit Montaigne zu sprechen: „Il me semble toutesfois qu'il y a quelque façon de nous apprivoiser à elle [sc.: à la mort], et de l'essayer aucunement. Nous en pouvons avoir experience, sinon entiere parfacte: au moins telle qu'elle ne soit pas inutile, et qui nous rende plus fortifiez et asseurez. Si nous ne la pouvons joindre, nous la pouvons approcher, nous la pouvons reconnoistre: et si nous ne donnons jusques à son fort, aumoins verrons nous et en pratiquerons les advenues." (1588/2007: 389 f. {11}) Die Rede ist von den sogenannten Nah-Tod-Erfahrungen. Für sie gilt nicht mehr, was de Montaigne schrieb: „Nous n'avons nouvelles que de deux ou trois anciens, qui ayent battu ce chemin" (a. a. O.: 396; {12}) Im Gegenteil: „Near-death experiences (NDEs) have been reported for much of human history. There is evidence in early Greek and Roman literature, in medieval Western religious literature, ancient literature of Buddhism, and the oral history and folklore of aboriginal societies in Australia, North and South America, and Oceania. The parapsychological literature has discussed NDEs since the nineteenth century, however the popular discussion of these experiences

14 So der Titel des ersten Spielfilm des Regisseurs Helmut Krätzig (1963) sowie eines witzig-erhellenden Episodenfilms von Stefan Sierecky (2013; s.: https://www.youtube.com/watch?v=oNrfWCJOG_E; zuletzt angesehen am 24. Sept. 2013).

only dates from the early 1970s with the publication of Raymond Moody's best-selling *Life After Life* (1975). Moody coined the term near-death experience" (Kellehear 2002: 1 {13}).[15] Die sogenannten Nah-Tod-Erfahrungen sind mittlerweile vielfach dargestellt und auch analysiert worden.[16] In der Regel gehen diese Erfahrungen mit einem biologischen Prozess einher, der dem beim Sterben ablaufenden Prozess vergleichbar ist. Auf die Versuche, die Erfahrungen biologisch oder psychologisch – etwa im Rückgriff auf die Störung bzw. Bedrohung von Lebensfunktionen – zu erklären, kann hier nicht näher eingegangen werden;[17] Hubert Knoblauch hält dazu allgemein fest: „Die Nahtoderfahrung wird als konstante, abhängige Variable betrachtet, die auf unabhängige Variablen (Hirnaktivitäten, Endorphine, Sauerstoffmangel) bezogen wird." (2008: 675) und verweist auf die damit verbundenen methodologischen Probleme (a. a. O.: 675 f.) Letztlich ist hier wohl der zusammenfassenden Feststellung von Allan Kellehear zuzustimmen: „What scientists are able to say is that the research to date has provided fruitful indicators of the type of brain/consciousness models that are needed to further explore and understand the physiological basis of these experiences. Advances in this scientific area will undoubtedly supply researchers with a basic benchmark for understanding the broad biological context of NDEs but they do not solve, and probably will never solve, the diverse incidents and experiences that are regularly reported near death." (2002: 2 {15})[18]

15 Obwohl Moody diesen Terminus einführt (Moody 1975/1976: 14), ist zu beachten, dass er selbst das Hauptkapitel seines Buches (a. a. O.: 19-107) mit „The Experience of Dying" {14} betitelt.

16 Für einen knappen Überblick s. Greyson 2009.

17 Es sei hier auf Blackmore 1996/1999 und auf die Darstellung bei Knoblauch/Schmied/Schnettler 1999 (22-27) verwiesen; ein knappes Referat findet sich bei Knoblauch 2008 (672-676). – S. aber auch unten, S. 106.

18 Vgl. zu einem Aspekt der häufig beschriebenen Erfahrungen: „While the *form* of panoramic memory may admit to a biological explanation, its *content* appears meaningful in terms of the personality's response to approaching death." (Noyes/Kletti 1977: 191; Kursiv. i. Orig. {16}) – Und generell ist mindestens festzuhalten: „the content of many of theses experiences is influenced by cultural matters" (Kellehear 1996: 177 {17})

Die Forschung zu diesem Gegenstandsfeld hat fast uneingeschränkt unreflektiert den von Moody eingeführten Terminus, der ja eine deskriptive Behelfsbezeichnung darstellt, aber keine begriffliche Bestimmung impliziert, übernommen.[19] Hierin drückt sich eine unklare Gegenstandsbestimmung aus. Tod und Leben sind diskrete Zustände, und der Zustand des Todes kann immer nur an anderen festgestellt werden. Dies zeigt sich auch in der raumdeiktischen Bezeichnung „Jenseits“ und der zeitdeiktischen Bezeichnung „hereafter“: Da diese immer eine Origo, „gegeben durch den Sprecher (ich), der an einem bestimmten Ort (hier) und zu einer bestimmten Zeit (jetzt) spricht“ (Eisenberg 2001: 167), voraussetzen, kann das erfahrende Subjekt (ich) niemals *jenseits* und niemals *hereafter* sein. „Der eigene Tod“ (Nádas 2002) ist eben nicht erfahrbar; was Karl Jaspers vom Erleben schreibt, gilt auch für das Erfahren: „Der Tod kann nicht erlebt werden. Wer erlebt, ist am Leben.“ (1913/1948: 399)[20] Wenn nun Hans Küng entsprechend ausführt: „Erfahren haben die [...] examinierten ehemaligen Todkranken vielleicht das *Sterben*, aber sicher *nicht den Tod*! [...] Sterben – das sind die physisch-psychischen Vorgänge unmittelbar vor dem Tod, die vom Eintreten des Todes unwiderruflich gestoppt werden. Sterben ist also der Weg, der Tod das »Ziel«. Und durch dieses »Ziel« ist kein einziger der Untersuchten gegangen.“ (1982/1988: 35; Kursiv. i. Orig.), so gibt das einen Hinweis darauf, dass das eigene Sterben als Prozess der Transformation sehr wohl erfahren werden kann. Da es darum im Folgenden gehen soll, werden wir forthin von *Sterbenserfahrung* sprechen; die weitere Begründung dafür wird sich im Vollzug unserer Darstellung erweisen. Mit dieser Gegenstandsbestimmung, die natürlich im Laufe der Analyse als tragfähig sich noch erweisen muss, vermeidet man die Schwierigkeiten, die sich aus den kontroversen Definitionen des Todes ergeben.

„Tod“ wird gemäß der medizinischen Übereinkunft definiert als „Ende des Lebens eines Individuums, med. beschrieben als irreversibler Funktionsverlust des Atmungs-, Kreislauf- u. Zentralnervensys-

19 Die Übersetzerin von Carol Zaleski spricht manchmal von „Sterbeerfahrungen“ (z. B.: 1987/1993: 166; i. Orig. allerdings „near-death experience“ – 1978: 108) bzw. „Sterbeerlebnis“ (z. B.: 1987/1993: 203; i. Orig. allerdings „near-death experiencer“ – 1987: 132).

20 Vgl. schon Epikur „ὅταν μὲν ἡμεῖς ὦμεν, ὁ θάνατος οὐ πάρεστιν, ὅταν δὲ ὁ θάνατοσ παρῇ, τόθ’ ἡμεῖς οὐκ ἐσμέν.“ (1997: 44, § 125 {18})

tems“ (Pschyrembel 2007, Lemma ‚Tod‘). Gemäß dieser Bestimmung können die sogenannten Nah-Tod-Berichte nichts über den Tod enthüllen; allenfalls könnte man noch sagen, dass die erste Phase des Todes erfahren wurde, die aber eben prägnanter als eine Phase im Prozess des Sterbens bezeichnet werden muss: „völliger Kreislaufstillstand (Fehlen von Karotispuls u. Atmung, max. Pupillenerweiterung, zyanot. Verfärbung von Haut u. Schleimhäuten) mit potentiell reversibler (durch Reanimation) Aufhebung jeder Großhirnaktivität“ (ebd.), oder eben ein Scheintod: „Zustand tiefer Bewusstlosigkeit mit klin. nicht od. kaum nachweisbaren Lebenszeichen (z. B. Atmung, palpator. Puls, auskultator. Herztöne u. Atemgeräusche, Pupillenreaktionen), jedoch ohne sichere Todeszeichen [sc.: „kräftig ausgebildete konfluierende Totenflecke, Totenstarre u. Fäulnis“ – a. a. O., Lemma ‚Todeszeichen‘]; im EKG u. EEG elektr. Aktivität; minimale Ventilation u. Durchblutung erhalten den Mindeststrukturumsatz der Ganglienzellen aufrecht. Bei Einsetzen der Atmung (spontan od. induziert) ist in vielen Fällen (in Abhängigkeit von der Wiederbelebungszeit) vollständige Restitution möglich.“ (a. a. O., Lemma ‚Scheintod‘).

Von einer Phase im Prozess des Sterbens zu sprechen, empfiehlt sich auch, wenn man in Rechnung stellt, dass die präzise Bestimmung des Todes strittig bleibt: „death – the total cessation of life processes that eventually occurs in all living organisms. The state of human death has always been obscured by mystery and superstition, and its precise definition remains controversial, differing according to culture and legal systems.“ (Encyclopædia Britannica 2014, Lemma ‚death‘ {19})[21] Dass es sich bei einer Sterbenserfahrung, von der wir Kunde erlangen, nicht um eine Erfahrung des Todes handelt, ist also klar: „Die seelischen Erscheinungen beim Sterben sind Erscheinungen *vor* dem Tode“ (Jaspers 1913/1948: 400; Kursiv. hinzugefügt, TL); ob es sich dabei um eine Erfahrung des Sterbens handelt, ist nicht feststellbar (vgl. u., S. 30); die Frage, die wir uns beim Heranziehen von Berichten über Sterbenserfahrungen stellen müssen, ist also, ob in ihnen etwas Spezifisches zum Ausdruck kommt, das nicht als Erfahrung anderer bekannter Zustände verstanden werden kann.

Ein weiterer Aspekt der Sterbenserfahrungen ist zu beachten: Da Sterbenserfahrungen nur über Berichte darüber und damit nur ver-

21 S. hierzu auch Zaleski 1987: 161-164.

mittels ihrer Deutungen zugänglich sind, Deutungen aber immer Kulturspezifität aufweisen, wird aus der Unmöglichkeit der naturwissenschaftlichen Erklärung häufig umgekehrt geschlossen, sie seien bereits als Erfahrungen „soziales Konstrukt“ (Knoblauch/Schmied/Schnettler 1999: 20). Auf diese Annahme, die wie oftmals seitens des sogenannten Konstruktivismus Konstitution und Konstruktion verwechselt,[22] wird unten (S. 99 ff.) noch eingegangen.[23] Es treffen hier zwei unterschiedliche Positionen aufeinander, denen der gleiche Wirklichkeitsbegriff zugrunde liegt, nur wird von den Vertretern der einen Position alles, was nicht „Teil einer objektiv meßbaren Wirklichkeit“ darstellt, als „imaginär“ abgetan (Blackmore 1996/1999: 57), von den Vertretern der anderen Position das Imaginäre mit umgekehrten Vorzeichen zwar in eigener Bedeutung anerkannt, aber der reduzierte Wirklichkeitsbegriff selbst nicht in Frage gestellt: „imagination plays the demiurge and – aided by the visionary's exalted mood – creates a new world to dwell in, or restores the natural world according to its Edenic exemplar.“ (Zaleski 1987: 201 {20}). Es stellt sich die Frage, woher die „the visionary's exalted mood“ rührt

22 In der Literatur, insbesondere von den Vertretern wissenssoziologischer Positionen innerhalb der Soziologie, wird vielfach zwischen *Konstitution* des Gegenstandes und *Konstruktion* als einer Tätigkeit des Geistes, die sich über den Gegenstand, auf den sie sich richtet, keine Rechenschaft mehr abgibt, ohne ihn aber doch letztlich aufgeben zu können (da sonst ja die Möglichkeit von wissenschaftlichem Forschen überhaupt aufgegeben würde), terminologisch nicht mehr unterschieden – geschweige denn, dass beides begrifflich expliziert würde. Dass das Objekt so, entgegen der Absicht der Wissenssoziologen, seine Abhängigkeit vom Subjekt herauszuarbeiten, diesem gestaltlos entgleitet, darauf hat Theodor W. Adorno schon in seiner Kritik an Edmund Husserls Epistemologie aufmerksam gemacht: „Je mehr ‚Intentionalität‘, je mehr also dem reinen faktenfreien Denken der Vorrang über allen Stoff und alles Daseiende zuerteilt wird, desto mehr wird der subjektiv intendierte Gegenstand dem entfremdet, das da intendiert, denkt.“ (Adorno 1956/1972: 159)

23 Auch dass die Erfahrungen, die uns nur in Objektivationen gegeben sind, lediglich Ergebnis von Kommunikationen seien (so Tilman Allert in erwähtem Kolloquium in indirekter Anlehnung an Luhmann), kann die Erfahrungen als eigenständige Realitätsebene nicht ausblenden, wenn anders sie für die Kommunikationen mehr sein sollen als ein zufälliger Anlass von beliebiger Gestalt.

und worin ihre unterstützende Funktion besteht und gründet. Dass methodologisch eine Wirklichkeit des Gedeuteten vorausgesetzt werden muss, die in den Deutungen sich realisiert, eine Wirklichkeit, die weder notwendigerweise sinnlich wahrnehmbar noch messbar sein muss, gleichwohl aber mit angebbaren methodischen Operationen sich nachweisen lässt, ohne dass ein solcher Nachweis etwas über ihren ontologischen Status zu behaupten beansprucht,[24] spielt in der Debatte keine Rolle. Dieser Wirklichkeitsbegriff im Sinne eines methodologischen Realismus ist aber, so wird sich zeigen, entscheidend für ein angemessenes Verständnis des hier in Rede stehenden Phänomens, ja der Gegenstände in der sinnstrukturierten Welt überhaupt (vgl. Oevermann 2013: 73-79, Loer 2006: 355).

Neben dem Aspekt der Außeralltäglichkeit dieser Erfahrung – einer absoluten Außeralltäglichkeit, könnte man prima vista vermuten[25] – ist festzuhalten, dass zur Erfahrung des Sterbens nicht notwendig hinzugehört, dass man sich darüber bewusst ist, dass es sich um das Nahen des eigenen Todes handelt.[26] Zudem ist, worauf bereits hingewiesen wurde, – entgegen den Ansprüchen vieler Studien zu diesen Erfahrungen – festzuhalten, dass es sich um eine *Erfahrung des Sterbens*, zumindest um eine Annäherung daran, handelt, nicht aber um die Erfahrung des Todes. Insofern konstatiert der Psychologe Robert Kastenbaum, Herausgeber von ‚Omega', einer internationalen Zeitschrift für die Erforschung des Todes, zu Recht: „from the logical and methodological standpoint, the difference between those who stay dead and those who return may defy all efforts to examine" (Kastenbaum 1977: 32; zit n. Siegel 1980: 913 {21}). Aber mit Russel

24 Damit sollte auch eine Verwechslung mit einer wissenschaftlich nicht haltbaren Position ausgeschlossen sein, die aus der „Unabhängigkeit [der Elemente der „Nah-Tod-Erfahrung"] von allen epidemiologischen, sozialen, religiösen, kulturellen und psychologischen Variablen" (Schröter-Kuhnhardt 1999: 69) einen „deutlichen Hinweischarakter der NDEs [sc.: Near-Death-Experiences] auf ein Leben nach dem Tod" (a. a. O.: 96) herausliest.

25 S. dazu unten, S. 97, zu Cazeneuve.

26 Insofern ist die Definition, in der Hubert Knoblauch auf den subjektiven Eindruck des Sterbens abstellt, zu eng gefasst: „Nahtoderfahrungen sind alle jenen [sic] nichtalltäglichen Erscheinungen, die Menschen haben, wenn sie den subjektiven Eindruck haben, zu sterben oder gestorben zu sein." (Knoblauch 2008: 671)

Noyes bleibt festzuhalten: „Perhaps it is quite enough to point to the occurrence of these experiences and to insist that an understanding of the dying process take them into account.“ (1971: 40 {22})

2 Rekonstruktion einer Sterbenserfahrung

„Ce conte d'un évenement si legier est assez vain, n'estoit l'instruction que j'en ay tirée pour moy: car, à la verité, pour s'aprivoiser à la mort, je trouve qu'il n'y a que de s'en avoisiner. Or, comme dict Pline, chacun est à soy-mesmes une très-bonne discipline, pourveu qu'il ait la suffisance de s'espier de près. Ce n'est pas ici ma doctrine, c'est mon estude; et n'est pas la leçon d'autruy, c'est la mienne. Et ne me doibt on pourtant sçavoir mauvais gré, si je la communique. Ce qui me sert, peut aussi par accident servir à un autre."

(Montaigne, Essais)[1]

2.1 Vorbemerkung

Im Folgenden wird die Analyse der Objektivation einer Sterbenserfahrung vorgestellt. Es handelt sich dabei um ein Erinnerungsprotokoll desjenigen, der die Erfahrung machte; es wurde von ihm innerhalb eines Monats nach[2] der protokollierten Erfahrung des Sterbens, die er im Januar 2001 machte, schriftlich angefertigt. Dass nicht lediglich eine medikamentös induzierte halluzinatorische Erfahrung gemacht wurde, ist dadurch verbürgt, dass eine anwesende weitere Person, von Beruf Krankenschwester, Atemstillstand und fehlenden Puls feststellte und den Arzt informierte. Allerdings ist der klinische Tod[3]

1 Zit. aus: Montaigne 1588/2007: 396 {23}.

2 Häufig beträgt die Zeit in den Berichten in der Literatur zu „Nah-Tod-Erfahrungen", die manchmal gar herangezogen werden um „das Überleben der menschlichen Persönlichkeit nach dem Tod" zu „beweisen" (vgl. Kelly/Greyson/Stevenson 1999), viele Jahre bis zu mehrere Jahrzehnte; dabei wird die Verlässlichkeit der Erinnerung durch viele Faktoren – etwa auch die Lektüre von und Beschäftigung mit Berichten über die Sterbenserfahrungen anderer – stark beeinträchtigt.

3 „Der klinische T. umfass Merkmale ausgefallner Funktionen, die als unsichere Todeszeichen zu bewerten sind: Herzstillstand, Pulslosigkeit,

nicht explizit festgestellt worden, so dass es kein eindeutiges Kriterium gibt, zu entscheiden, ob der Fall dem ersten oder dem zweiten Typus von Fällen zugehört, die Raymond Moody zusammenstellte: einerseits sind dies „persons who were resuscitated after having been thought, adjudged, or pronounced clinically dead by doctors“ (Moody 1975/1976: 16 {24}); andererseits „persons who, in the course of accidents or severe injury or illness, came very close to physical death.“ (ebd. {25}) Dabei spricht die erwähnte Beobachtung der Krankenschwester allerdings dafür, dass es sich nicht um „only a close brush with death“ (a. a. O.: 17 {26}) handelte: das „Fehlen von Karotispuls u. Atmung“ (Pschyrembel 2007, Lemma ‚Todeszeichen‘) lässt vielmehr bei aller Vorsicht annehmen, dass der Tod, wie man mit der im Ruhrgebiet üblichen Verlaufsform (Eisenberg 1998: 193) sagen könnte, am Eintreten war.

Der Autor des Erinnerungsprotokolls und der Autor des vorliegenden Buches sind dieselbe Person; mit Montaigne ließe sich also sagen: „Ce […] n'est pas la leçon d'autruy, c'est la mienne.“ (1588/2007: 396 {27}). Das steigert natürlich die Schwierigkeit, einen regard éloigné (Lévi-Strauss 1983 {4}) einzunehmen, nochmals, so dass man meinen könnte, dass die hier vorgelegte Deutung wie „die Interpretation der Jenseitserlebnisse meistens auf der Basis kaum hinterfragter weltanschaulicher Grundpositionen“ (Bender 1983: 144; zit. n. Thiede 1999: 164) geschieht. Methodisch ist diese Konstellation: bei Forscher und zu analysierender Praxis handelt es sich um dieselbe Person, äußerst interessant, erweist sich doch, was ethnographische Verfahren als Bedingung angemessenen Verstehens behaupten: die subjektive Erfahrung der zu verstehenden Praxis durch den Forscher, genau betrachtet als Problem. Die praktische Involviertheit erzeugt nämlich u. U. eine Selektivität der Deutungen, die dem forschenden Blick die die Praxis strukturierende Prinzipien gerade zu verhüllen droht. Hier aber ist der methodologisch ausgewiesene Ort der Methode, einer Methode, deren Gegenstand eben, wie bei der objektiven Hermeneutik, die objektiven Bedeutungsstrukturen des Handelns sind, die nur mittels seiner Objektivationen rekonstruiert werden können. Die Deutungen des Forschers müssen sich an der

Atemstillstand, Areflexie, Bewusstlosigkeit, Hautblässe und Temperaturabfall.“ (Brockhaus 1999: 140) – Dies entspricht der oben nach Pschyrembel zitierten ersten Phase (S. 15).

Objektivation erweisen, sie sind an ihr überprüfbar, da die Bedeutung der Objektivation unabhängig vom handelnden Subjekt wie vom Forschersubjekt durch Regeln konstituiert wird. Erst die Objektivation des Handelns erlaubt es, dieses auf Distanz und unvoreingenommen vor sich zu bringen, die Deutungen argumentativ auszuweisen und sie intersubjektiv überprüfbar zu machen. In der Analyse verwenden wir eine an Anonymisierung angelehnte Redeweise, die es in unserem Falle dem Leser erleichtern soll, die erforderliche Distanz zur Prüfung der Argumente einzunehmen, und die den Verdacht, hier würde „Offenbarungswissen" in Anspruch genommen (so Tilman Allert in erwähntem Kolloquium), erst gar nicht aufkommen lässt. [4]

Der der Analyse zugrundeliegende Text liegt in Form einer Word-Datei vor, die der Autor des Erinnerungsprotokolls im August 2001 zum Zwecke einer wissenschaftlichen Auswertung erstellte (s. Anhang 1, S. 137). Außer einer Hinzufügung von Überschriften und einer Zusatzbemerkung wurde im Zuge der abgebrochenen ersten Auswertung an dem Text des Erinnerungsprotokolls nichts geändert; die Ergänzung ist im Text markiert und wird bei unserer Auswertung entsprechend berücksichtigt. Die erste Niederschrift erfolgte ohne äußere Aufforderungen – anders als bei Erhebungen von denen Carol Zaleski berichtet, wo Befragte, „who initially [...] had no memories of what occured while they were unconscious later produced near-death reports, ‚only after repeated invitations and reassurances.' [Schoonmaker, Anabiosis Mai 1979, S. 1]" (1987: 159 {28}). Eine Zur-Kenntnisnahme, geschweige denn eine Auseinandersetzung mit der reichhaltigen Literatur zum Thema der „Nah-Tod-Erfahrungen" fand vor der Erfahrung nicht statt; beginnend mit der ersten Analyse der Niederschrift nahm der Autor des Erinnerungsprotokolls zur Kenntnis, dass es solche Literatur (s. Literaturliste des Anhangs, u. S. 143) gibt, las aber außer der Einleitung zu der deutschen Ausgabe des Buches von Carol Zaleski nichts davon.

4 Marianne Rychner stand in einer Arbeit über ärztliches Handeln vor einer ähnlichen Situation, in der sie sich für eine – offene – Pseudonymisierung entschied. Dabei weist sie zu Recht darauf hin, dass diese nicht einer methdologischen Notwendigkeit entsprang, sondern lediglich aus Gründen forschungspsychologischer Erleichterung vorgenommen wurde (Rychner 2006: 67; vgl. Loer 2008 a: 389)

Der Bericht ist in Abschnitte gegliedert, deren Titel eine eigene Sequenzebene bilden. Eingebettet ist die Darstellung in ein Manuskript mit dem Titel „Der Flug des Einsamen in die Einsamkeit“ wobei sie selbst den Titel „Sterben – Phänomenologie einer Erfahrung“ trägt.

Unsere Analyse gliedert sich somit in sechs Abschnitte: Bestimmung der pragmatischen Rahmung (2), Fallspezifizierung (3), Analyse des Haupttitels des Manuskripts (4), Analyse der Kapitelüberschriften, insbesondere des Titels des Kapitels in dem die Darstellung der Erfahrung erfolgt (5), Analyse der Titel der Abschnitte in dieser Darstellung (6) und Analyse der Darstellung selbst (7).

2.2 Bestimmung der pragmatischen Rahmung[5]

Da der Text nicht publiziert wurde und keine Information über einen geplanten Publikationsort bekannt ist, muss die pragmatische Rahmung von der Analyse des Textes selbst her erschlossen werden. Ein Ergebnis der erst im folgenden explizierten Analyse vorwegnehmend soll hier schon festgehalten werden, dass der Text eigentümlich zwischen einem wissenschaftlichen Text (etwa die Überschriften ‚Einleitung‘ und ‚Sterben – Begriff eines Grenzfalls von Handeln‘) und einer literarischen, zumindest beschreibenden Darstellung (etwa die Hauptüberschrift und die Überschrift ‚Sterben – Phänomenologie einer Erfahrung‘) changiert. Ersterer würde versuchen, einen Gegenstand – hier die Erfahrung des Sterbens – auf den Begriff zu bringen; letzterer würde versuchen, diesen Gegenstand möglichst prägnant zu vergegenwärtigen. Beide Textsorten könnten in einem aufeinander aufbauenden Verhältnis stehen, so dass der wissenschaftliche Text den Gegenstand, der zunächst literarisch oder beschreibend vergegenwärtigt wurde, auf den Begriff zu bringen sucht. Dies ist aber nur dann ein sinnvolles Vorgehen, wenn entweder die literarische

5 Ab hier erfolgt die Analyse in der Haltung der künstlichen Naivetät, die die Kunstlehre der objektiven Hermeneutik verlangt. Diese in der Methode begründete Interpretationsnorm dient dazu, den Grad der Explikation zu optimieren. Dadurch dass im folgenden die gerade berichtete Entstehungsgeschichte des Datenmaterials ausgeblendet wird, wird der eigentümliche Charakters des Changierens zwischen wissenschaftlichem und erzählendem Text überhaupt erst zum Erklärungsproblem, was zu sonst unterbliebenen Explikationen zwingt.

Form der Darstellung – zumindest auch – selbst Gegenstand der wissenschaftlichen Analyse ist, oder dann, wenn es von dem zu analysierenden Gegenstand keine andere Objektivation gibt. Letzteres ist dem Vorgehen der Feldforscher vor der Möglichkeit, technische Aufzeichnungen einzusetzen, vergleichbar, die sich in Form von Feldnotizen und Forschungstagebüchern Protokolle, die sie anschließend zu analysieren hatten, erst herstellen mussten.

Da es, wie wir wissen, sich bei dem zu analysierenden Text nicht um alte Feldnotizen oder ein entsprechendes Tagebuch handelt, stellt sich die Frage, warum keine technischen Aufzeichnungen herangezogen bzw., da sie nicht vorliegen, angefertigt wurden. Der Gegenstand muss einer sein, der sich vor der technischen Aufzeichnung verbirgt. Dies ist einerseits bei allen Handlungen der Fall, die nicht in begleitenden Körperbewegungen oder in Sprachhandeln sich ausdrücken und unmittelbar selbst beschreiben: beim Denken und beim Träumen, generell: beim Erfahren; andererseits verfügen wir in der Regel nicht über Aufzeichnungen von solchen Handlungen, die nicht erwartbar sind, also den Charakter einer Krise[6] haben.[7] Es muss sich also bei dem Handeln, als dessen Objektivation hier eine literarische Darstellung erscheint, um ein krisenbewältigendes Handeln bzw. um ein Erfahren handeln,[8] das anders nicht zugänglich ist.[9] Die Frage, die sich,

6 Routinehandlungen sind erwartbar und können zu Aufzeichnungszwecken kontrolliert aufgesucht werden (vgl. Oevermann 2008).

7 Die Ausnahme der Regel wäre eine zufällige Aufzeichnung – sei es durch einen aufmerkenden Laien (wie etwa die Videos vom Anschlag auf das World Trade Center in New York am 11. Sept. 2001), sei es durch einen geistesgegenwärtig reagierenden Wissenschaftler (wie etwa die Aufzeichnung eines Streits um eine Schnee-Sprungschanze, die Max Miller anfertigte; Miller 1986: 397).

8 Da das Subjekt von Handeln nur in der Krise sich als solches erfährt und nur im Sich-Erfahren Erfahrungen machen kann, sind die beiden hier genannten Bedingungen nur zwei Aspekte derselben Handlung. Die Frage hier ist, welchen Aspekt der Verfasser des hier zu analysierenden Textes zum Gegenstand wählte.

9 Hier ist festzuhalten, dass mit der Bezeichnung ‚literarische Darstellung' keineswegs etwas über die literarische Qualität ausgesagt ist. In dem hier verwendeten Sinne wäre auch die Darstellung der Erfahrung in einem Interview als literarische zu verstehen, die aber zugleich durch die Interviewführung durch einen Dritten, einer anderen Pragmatik: der des Interviews, gehorchen würde.

wenn es sich so verhält, sofort anschließt, ist die nach der Pragmatik des Textes: Bei einem Forschungstagebuch handelt es sich um die Darstellung eines vom Forscher unabhängigen Gegenstandes, in die aber die subjektive Sicht des Forschers eingeht, weshalb diese, seine Erfahrung, möglichst prägnant mit dargestellt werden muss. Bei literarischen Texten, die als Kunstwerke gestaltet werden, geht es um die Generalisierung einer Erfahrung für die Rezeption durch jedweden Rezipienten.[10] Bei einer dritten Sorte der Darstellung von Erfahrung, geht es primär um etwas, das bei den beiden genannten Formen als Moment stets mitschwingt: um die Selbstverständigung. Dies wäre etwa bei reflexiven Tagebuchtexten[11] der Fall. Die Darstellung einer Erfahrung um ihrer selbst willen eröffnet hier die Chance, sie als Ort der Identitätsbildung – reproduktiv oder transformativ – zu begreifen und neu zu vollziehen.

Für die Analyse hat dies zur Folge, dass wir stets prüfen müssen, ob die Offenheit der Darstellung einer Erfahrung um ihrer selbst willen gelingt, ob die Identitätsbildung in der Darstellung sich so vollzieht, dass die Erfahrung bereits vorhandenen Erfahrungsschemata ungeprüft assimiliert wird, oder ob durch die unvoreingenommene Darstellung die Erfahrungsschemata ihrerseits dieser Erfahrung akkomodiert werden, ob also in der darstellenden Rekonstruktion der Erfahrung auch eine Rekonstruktion des Darstellenden und damit der Darstellung einhergeht.

2.3 Fallspezifizierung

Das hier zu untersuchende Handeln und seine Erfahrung als ein inneres Handeln ist als Fall von Sterbehandeln Gegenstand der Analyse. Kriterien für die Feststellung, ob es sich bei dem im Erinnerungsprotokoll Protokollierten tatsächlich um Sterbehandeln resp. Sterbenser-

10 Diese Form bringt Gertrude Stein schön im Titel ihrer Autobiographie zum Ausdruck: „Everybody's Autobiography" (Stein 1937/1973 {29}).

11 Reflexive Tagebuchtexte nenne ich hier vorläufig jene, die sich nicht im Dokumentieren von Erlebtem und von Erfahrungen erschöpfen – wie etwa die ‚kürzeste Chronik' Freuds (vgl. 1996) dies tut –, sondern eben der Selbstverständigung des Tagebuchschreibers dienen, in denen er die Fragen zu beantworten sucht ‚Wer war ich in jener Erfahrung?', ‚Was habe ich dort erfahren?' und ‚Wer bin ich nach jener Erfahrung?'.

fahrung handelt, lasse sich nicht vorab abstrakt festlegen, sondern müssen sich in der Analyse erweisen.[12] Auch die Unterstellung, dass es sich beim Sterben überhaupt um Handeln handelt, muss als vorläufig betrachtet werden. Konstitutiv für Handeln als regelorientiertem Verhalten ist, dass aus durch Regeln eröffneten und so mit regelhaft konstituierten Bedeutungen versehenen Optionen systematisch eine Selektion getroffen wird. Der Handelnde hat grundsätzlich die Freiheit, eine der durch Regeln konstituierten Optionen zu ergreifen – oder neue zu entwerfen, die sich rekonstruktiv als durch übergreifende Regeln eröffnet erweisen. Diese Freiheit wird konstitutionstheoretisch betrachtet durch die Regelförmigkeit des Handelns, d. h. dadurch, dass Handeln an Optionen eröffnenden Regeln orientiert ist, geschaffen. Der Handelnde ist somit unabdingbar als Entscheidungsinstanz, als Strukturort der Autonomie zu begreifen. Eine solche Handlungsinstanz setzt das hier zugrundliegende Konzept von Erfahrung voraus, nicht jedoch ein rationales, seine Entscheidungen intentional treffendes Subjekt.

Auch für Erfahrung als einer Form inneren Handelns gilt dies, da aus mit unterschiedlichen Bedeutungen versehenen Weisen der Erfahrung gewählt wird. Unterschiedliche Bedeutungen haben die Weisen der Erfahrung im Sinne der unterschiedlichen Folgen für die erfahrende Lebenspraxis (vgl. Loer 2008 b). Hier stoßen wir wieder auf ein Problem: Was können die unterschiedlichen Folgen für die sterbende Lebenspraxis noch für einen Unterschied machen? Diese Frage erlaubt – so sie nicht inhaltlich religiös beantwortet werden soll – nur zwei Antworten: Entweder muss man festhalten, dass eine Unterschiedlichkeit der Erfahrung tatsächlich *keinen* Unterschied macht, was bedeutete, dass Sterben kein Handeln wäre; oder die Folgen, die unterschiedlich sind, die einen Unterschied machen, sind *objektive Folgen*, die der Sterbende selbst nicht mehr wird erfahren können, die aber gleichwohl regelhaft gegeben sind – und für den Sterbenden

12 Dies gilt hier umsomehr, als ausgearbeitete Modelle des Sterbens als Erfahrung nicht vorliegen; es gilt aber grundsätzlich. So müssen auch Kriterien für familiales Handlen in jeder Analyse einer Objektivation familialen Handelns sich bewähren *und* es muss sich zeigen, dass das, was prima vista als Objektivation von familialem Handeln genommen wurde, tatsächlich eine solche ist. Die Forderung, vorab operationalisierbare Kriterien für die Fallbestimmung zu formulieren, gehört einem anderen: dem subsumtionslogischen Forschungsparadigma an.

dann als antezipierte Folgen im Modus des Als-Ob[13] objektiv relevant sind. Dies sind offene Fragen, die durch die Analyse beantwortet werden sollen. Es bleibt also zunächst offen, ob der hier untersuchte Fall womöglich nicht als Fall, sondern lediglich als Ereignis zu betrachten ist.

2.4 Analyse des Haupttitels des Manuskripts

[Hauptüberschrift:] *Der Flug* \…
Ein so betitelter Text lässt die Beschreibung eines Vogelflugs (Der Flug des Adlers) oder eines Flugs mithilfe eines Fluggeräts (Der Flug AA 3219 nach Baltimore) erwarten – oder aber die auf der Beschreibung aufruhende Analyse. Es könnte auch eine Erzählung sein, die mit dem beschriebenen Flug zu tun hat (Der Flug AA 3219 nach Baltimore – Als der Pilot John Smith einmal…). Alle Varianten beinhalten, dass hier ein bestimmter herausgehobener, ein besonderer Flug[14] der Beschreibung (und Analyse/Erzählung) würdig und dass dieses Besondere von allgemeinem Interesse ist, weshalb es wiedergegeben bzw. dargestellt wird.

…/ des Einsamen \…
Einsam kann nur eine Person sein; sollte etwa ein Tier gemeint sein, so würde es durch Metapher humanisiert. Einsam ist, wer nicht (mehr) in gemeinschaftlichen Beziehungen bestimmter Qualität[15] steht, so etwa jemand, der ohne Verwandte ist und in einem Alter, dass seine

13 Hans Vaihinger hat in seiner „Philosophie des Als-Ob" gezeigt, dass „alle Fiktionen schließlich auf die komparative Apperzeption zurückzuführen" sind (1911/1920: 95; Sperrung i. Orig.). Der Sterbende vergleicht also seine Zukunft mit den gemäß den geltenden Regeln objektiv-realen Möglichkeiten seines Handelns und erfährt sie *als ob* er diese Möglichkeiten ergreifen und damit ihre Folgen herbeiführen könnte.
14 „Etwas erzählen heißt ja: etwas *Besonderes* zu sagen haben" (Adorno 1954/1981: 42; Kursivierung i. Orig.; vgl. Kraft 1978).
15 Man kann unter Verwandten, zu denen man in diffuser Sozialbeziehung steht, einsam sein; allerdings werden diese diffusen Sozialbeziehungen dann nicht mehr praktisch vollzogen und transformieren sich so in gleichem Zuge zu spezifischen (Pflege und Unterhalt, Erledigungen etc.).

Freunde bereits verstorben und die mit ihm Lebenden von ihm durch generationelle Differenz und durch Differenz an kumulierter Erfahrung[16] fremd geworden sind. Dort wo man nicht allein ist, kann man gleichwohl einsam sein; einsam zu sein setzt die praktische Abwesenheit anderer bei durchaus möglicher physischer Anwesenheit voraus. Auch unter vielen einsam zu sein, ist also geradezu die Bestimmung des Einsamseins. Hier ist diese Bestimmung substantiviert, d. h. es wird der Flug von jemandem beschrieben, der sich vor allem dadurch auszeichnet, dass er einsam ist. Damit könnte ein Adler gemeint sein, der als Sinnbild für einen Helden etwa genommen würde, der sich eben auch in Höhen bewegt, in denen er einsam ist, da niemand sie praktisch mit ihm teilen kann. Wie dieser teilt er mit denjenigen, unter denen er einsam ist, vieles, wie dieser aber zeichnet er sich in einer Beziehung auf außergewöhnliche Weise aus und unterscheidet sich so von ihnen, dass eine Gemeinschaft mit ihnen ausgeschlossen ist.

…/ in die Einsamkeit

Hier ist nun eine merkwürdige Bewegung ausgesprochen. Der Einsame befindet sich ja schon in der Einsamkeit im Sinne des Einsamseins, was seine Bewegung dorthin ausschließt. Wenn wir uns allerdings die Bedeutung der Substantivierung von ‚einsam' in ‚Einsamkeit' vergegenwärtigen, so drückt sich darin in einer Lesart die objektive Seite aus. Man kann sich in der Einsamkeit befinden und gleichwohl nicht einsam fühlen. Die Einsamkeit ist dann – wiederum durchaus im Gegensatz zum Alleinsein – eine Entlastung von den praktischen Verpflichtungen, die (diffuse) Sozialbeziehungen mit sich bringen, und erlaubt so die Konzentration: die Waldeinsamkeit des Wanderers etwa,[17] die Einsamkeit des Forschers (vgl. Schelsky 1963) oder die

16 Die Erfahrungskumulation besteht stets nicht lediglich in einer Anhäufung von Wissen, sondern auch in einer Routinisierung des Handelns: Mehr und mehr sind die Handlungsprobleme, mit denen man konfrontiert wird, solche, die man schon erfolgreich gelöst, und die Deutungsprobleme, auf die man stößt, solche, die man schon erfolgreich gelöst hat, wofür man also Routinen ausgebildet hat, die sich schon bewährt haben. Das führt einerseits dazu, dass man gelassener den Anforderungen des Lebens gegenübertritt, andererseits dazu, dass man mögliche Neuerungen weniger als solche erkennt, indem man Krisen schon ‚bewältigt', bevor sie als solche sich erst ausblühen können.

17 Laut dem Grimmschen Wörterbuch (Grimm/Grimm 1922/1991:

Einsamkeit des Langstreckenläufers (vgl. Sillitoe 1959/1975). – Nur wenn diese Bedeutung des Wortes: Einsamkeit als Refugium für müßige Tätigkeiten, herangezogen wird, ergibt die Behauptung der Bewegung eines Einsamen in die Einsamkeit einen Sinn.

Der Einsame ist also jemand, der aufgrund der spezifischen strukturellen Passung seiner Subjektivität zu seiner Mitwelt keine diffusen Sozialbeziehungen (mehr) vollziehen kann; in der Einsamkeit befindet sich jemand dann, wenn er, von (diffusen) Sozialbeziehungen entlastet, sich müßig konzentrieren kann.[18] Der Einsame leidet potentiell daran, dass seine (diffusen) Sozialbeziehungen nicht praktisch vollzogen werden; die Einsamkeit sucht auf, wer sich konzentrieren will und die (diffusen) Sozialbeziehungen tendenziell – möglicherweise temporär – flieht. Diese Bewegung hat hier etwas endgültiges, da sie einen implizit schon länger vorliegenden Zustand anerkennend manifest werden lässt. Dies wird durch das Bild des Fluges noch verstärkt, verbindet sich damit doch eine (rasche) Fortbewegung über weite Distanz, losgelöst von den erdgebundenen Routinen.[19]

Sp. 1108) prägte Ludwig Tieck dieses Wort. Zunächst findet es sich in seinem Märchen „Der blonde Eckbert“ (Tieck 1796/1978): „Waldeinsamkeit, / Die mich erfreut, / So morgen wie heut / In ewiger Zeit: / O wie mich freut / Waldeinsamkeit!“ (a. a. O.: 14); in seiner gleichnamigen Novelle thematisiert er selbst die Erfolgsgeschichte dieses Wortes und zeigt auch die Kehrseite: das Verlassensein, auf (Tieck 1841/1854): „Helmfried sagte: […] Der Ausdruck ist ja ein ganz gewöhnlicher, alltäglicher, man hört, man lieset ihn in allen Blättern und an allen Orten. / Nun ja, sagte der Alte, jetzt; doch fällt es mir immer wieder komisch auf, wenn dies kühne Wort, diese gewagte Zusammensetzung so in Zeitungen und Ankündigungen gebraucht wird.“ (a. a. O.: 476).

18 In den Gedanken, dem Nachdenken des Langstreckenläufers in der erwähnten Erzählung von Alan Sillitoe wird dies besonders deutlich (vgl. etwa a. a. O.: 9 ff.).

19 Es fügt der rekonstruierten Bedeutung lediglich eine Rahmung hinzu, dass es sich bei diesem Titel um ein Zitat handelt: Es findet sich in der deutschen Übersetzung eines Buches von Carol Zaleski (1987/1993: 10). Allerdings lautet das Original bei Plotin: „φυγὴ μόνου πρὸς μόνον“ (Πλωτῖνος: Ἐννεάδες, 6,9,11), in der deutschen Übersetzung von Hermann Friedrich Müller: „eine Flucht des einzig Einen zum einzig Einen“ (Plotin 1878/2002: 7929). Im englisch-sprachigen Original heißt es: „flight of the alone to the Alone“ (Zaleski 1987: 1) – Für ihre Auskunftsbereitschaft möchte ich Carol Zaleski hier ebenso danken wie

2.5 Analyse der Kapitelüberschriften

[Kapitelüberschrift 1:] *Einleitung*
Hier wird, wie oben in den Ausführungen zur pragmatischen Rahmung bereits analysiert, der argumentierende Charakter des Textes deutlich. Es geht also nicht nur um die prägnante Darstellung der in der Hauptüberschrift genannten Erfahrung, sondern um deren argumentative Explikation.

[Kapitelüberschrift 2:] *Sterben* – \...
Sowohl wenn hier ein Verb als Verb (etwa: ‚Sterben – das müssen wir alle') als auch wenn es in substantivierter Form (etwa: ‚Sterben – ein Vorgang der Natur') vorliegen sollte, wird in dem so betitelten Kapitel das Sterben generell thematisch sein. – Bezogen auf die Hauptüberschrift könnte nun das Sterben als ‚Flug des Einsamen in die Einsamkeit' beschrieben werden. Damit würde Sterben merkwürdigerweise begriffen als Konzentration auf Wesentliches und Explizitwerden der eigentlichen Seinsweise.

.../ *Phänomenologie einer Erfahrung*
Nun ist klar, dass in dem kommenden Kapitel eine Erfahrung: die des Sterbens, in ihrem Erscheinen beschrieben werden soll – und zugleich das Sterben als Erfahrung. Damit ergibt sich ein spezifisches Problem, denn das Subjekt der Erfahrung muss auch das Subjekt des Sterbens sein. Selbst dem Bild, das Monet von seiner Frau auf dem Sterbebett malte und das durchaus als Realisation des Moments des Sterbens gedeutet werden kann,[20] ist keine Phänomenologie der Erfahrung des Sterbens zu entnehmen. Da die Beschreibung einer Erfahrung immer nur retrospektiv geschehen kann, also wenn Erfahrung als Prozess (nomen actionis) eben zu Erfahrung als Ergebnis (nomen acti) verdichtet wurde, muss der Beschreibende nach der Erfahrung noch der Beschreibung fähig gewesen sein. Somit kann das Sterben nicht zum Abschluss

Otmar Kampert (Werne/Münster) für seine Hilfe beim Auffinden der Originalstelle.

20 Claude Monet: Camille Monet sur son lit de mort, 1879 (Öl auf Leinwand, Musée d'Orsay, Paris; s.: http://www.monetalia.com/paintings/monet-camille-monet-on-her-deathbed.aspx, zuletzt angesehen am 19. Sept. 2012)

gekommen sein.[21] – Damit stellt sich die Frage, ob überhaupt je angemessen von der Erfahrung des Sterbens gesprochen werden kann.[22] Kann man etwa angemessen von der Erfahrung des Gekröntwerdens sprechen, wenn im Moment des Aufsetzens der Krone diese entrissen wird und die Krönung eben nicht zum Abschluss kommt?

[Kapitelüberschrift 3:] *Sterben – Begriff eines Grenzfalls von Handeln*

Für diese Überschrift gilt, was oben bereits ausgeführt wurde: dass eine argumentative Explikation, die die in dem Abschnitt zuvor beschriebene Erfahrung auf den Begriff bringt, angestrebt ist. Das Fortschreiten von der Erfahrung zum Begriff ist das Fortschreiten empirischer Wissenschaft. Dass Sterben als ein Grenzfall von Handeln begriffen wird, zeigt einen sozialwissenschaftlichen Argumentationsgang an; darüber hinaus lässt sich sagen, dass hier eine strukturale Auffassung zugrunde liegt, die das, was gemeinhin eher als – kausal verursachtes – Ereignis verstanden wird, als Grenze noch dem Begrenzten zugehörig betrachtet.

[Kapitelüberschrift 4:] *Epilog*

Dass ein Epilog folgt, geht nun wiederum über den rein wissenschaftlichen Charakter der Schrift hinaus – und zwar in noch weiterer Form als oben angenommen. Nicht wird lediglich eine literarische Darstellung zur Erzeugung eines Protokolls genutzt, sondern es werden aus der in begrifflicher Analyse mündenden Darstellung Schlüsse gezo-

21 Möglich wäre natürlich ein fiktionaler Text, der einen – argumentativen – Rückblick eines Gestorbenen aus einem hypothetischen Jenseits entwirft. Allerdings scheint es mir kein Zufall zu sein, dass der Pastor im fiktiven Jenseits, das Max Frisch in seinem Schauspiel „Triptychon" (1979/1981) entwirft, auf seine notorische Frage „Wie sind Sie gestorben?" von den Verstorbenen selbst letztlich keine Antworten erhält: „Tragisch!", „Erstickt." (a. a. O.: 347), „Man ist nicht plötzlich tot…" (a. a. O.: 356), „Keine Ahnung." (a. a. O.: 357). Und in der Erzählung der verstorbenen Paula von Cees Nooteboom heißt es schlicht: „Ich erinnere mich an Verwunderung. In der nächsten Sekunde war ich bereits hier." (2009/2010: 135)

22 Vgl. die Bestimmungen des Todes, auf die oben (S. 14 f.) verwiesen wurde, sowie die oben zitierten methodologischen Bedenken von Robert Kastenbaum (s. S. 17).

gen, die zu dieser Analyse nicht mehr hinzugehören, also vermutlich praktischen Charakters sind.[23] Dies verweist auf die Brisanz des Gegenstands, seine Verschränktheit mit der Lebenspraxis auch des Analysierenden – auch dann, wenn der Epilog lediglich erzählend festhalten sollte, warum das Erinnerungsprotokoll der Erfahrung des Sterbens überhaupt zugänglich ist.

2.6 Analyse der Abschnittsüberschriften

[Kapitelüberschrift 2:] *Sterben – Phänomenologie einer Erfahrung*

[Zwischenüberschrift 1 zu Kapitel 2:] *Der Anlass*

Im so überschriebenen Abschnitt[24] muss es um den Anlass des Sterbens gehen – auch dann, wenn der Anlass der Phänomenologie gemeint sein sollte, da diese ja das Sterben zum Gegenstand hat. „Der Anlass“ des Sterbens ist nun ein Understatement. ‚Er starb aus folgendem Anlass ...‘, selbst ‚Er starb anlässlich einer Lungenentzündung...‘ nimmt das Sterben nicht als krisenhaften Prozess der Beendigung des Lebens ernst; damit wird mit solchen Formulierungen die Absurdität des Sterbens hervorgekehrt.

[Zwischenüberschrift 2 zu Kapitel 2:] Die „Rettung“

Diese Zwischenüberschrift irritiert, folgt hier doch auf den Anlass nicht zunächst das Sterben und dann die Rettung, die wir ja voraussetzen müssen (s. o.). Allerdings ist die Distanzierung durch die Anführungszeichen ein Hinweis darauf, dass der Ausdruck ‚Rettung‘ uneigentlich verwendet wird; so ist möglicherweise die Rettung eine scheinbare, die das Sterben nicht verhinderte, womöglich gar erst

23 Ein aufschlussreiches Beispiel aus dem Themenfeld unserer Analyse stellt der Epilog in Karlis Osis’ und Erlendur Haraldssons Studie „At the Hour of Death“ {30} dar. Dort lassen die Autoren einen modernen Lazarus auftreten, der den Leser davon überzeugen soll, dass Sterben ist „like diving in a new kind of reality.“ (1977: 205 {31}) Diese andere Realität wird aufs angenehmste ausgemalt. Der Epilog endet dann mit einer Empfehlung: „Lazarus and a thousand others have spoken. In our judgement, it would be prudent to pay attention to the central message whispered by them at the hour of death.“ (a. a. O.: 206 {32})

24 Zur Kapitelüberschrift s. o., S. 29 f.

auslöste. Damit wäre auch der Anlass zum wirklichen Anlass geworden, die – scheinbare – Rettung hingegen hätte das Sterben als Krise ausgelöst.

[Zwischenüberschrift 3 zu Kapitel 2:] *Der Flug*
Dieser Titel passt zur Hauptüberschrift, wenn tatsächlich die ‚Rettung' das Sterben auslöste und nun das Sterben als ‚Flug des Einsamen in die Einsamkeit' verstanden wird (s. o.). Dies wäre dann der zentrale Abschnitt, in dem die Sterbe-Handlung (oder das Sterbe-Ereignis) beschrieben würde.

[Zwischenüberschrift 4 zu Kapitel 2:] *Die Rückkehr*
Der ‚Flug', den das Sterben darstellt, ist normalerweise ohne Rückkehr: „No traveller returns" (Shakespeare 1603/1975: 1088 {33}); dass hier eine erfolgen musste, versteht sich, denn, wie wir oben gesehen haben, kann die Erfahrung ja nur beschrieben werden, wenn das Sterben nicht endgültig war: Insofern als sie Bedingung der Möglichkeit der Phänomenologie der Erfahrung des Sterbens ist, gehört die Rückkehr dazu. Zugleich impliziert diese Zwischenüberschrift einen Ort, an dem der Rückkehrende vor seiner Rückkehr gewesen ist (anders als bei ‚Umkehr'). In dieser Formulierung ist also ein Jenseits, zumindest ein Ort anders als das Diesseits impliziert. Hierin drückt sich die Schwierigkeit, wenn nicht Unmöglichkeit aus, das Nichtmehr-Dasein anders vorstellen zu können denn als Jenseits-Sein.

[Zwischenüberschrift 5 zu Kapitel 2:] *Die Abfahrt, die Operation*
Offensichtlich erfolgte nach der Rückkehr vom Flug des Sterbens eine weitere – diesmal vermutlich physische – Dislozierung: zum Krankenhaus, wo eine Operation erfolgte. Da dies noch zur Phänomenologie der Erfahrung des Sterbens gerechnet wird, muss der Sterbende sich erst nach der Operation – etwa nach dem Aufwachen aus der entsprechenden Narkose – als vollständig ins Leben zurückgekehrt begriffen haben. Das entspricht einer Erwartung, nämlich, dass das Sterben eine einschneidende Erfahrung darstellt, die, wenn sie denn überlebt wird,[25] über sich hinausgreift. – Die weitere Analyse bewegt sich nun auf der Ebene des laufenden Textes.

25 „Jo, jo, das Sterben, das wer'mer a no überlebm" – Johann Nestroy; vgl. Oevermann 2001: 315 f., Fn. 26.

2.7 Analyse des laufenden Textes

[Kapitelüberschrift 2:] *Sterben – Phänomenologie einer Erfahrung*
[Zwischenüberschrift 1 zu Kapitel 2:] *Der Anlass*
An einem Sonntag \...
Der Tag[26] spielt offensichtlich eine Rolle für die Erfahrung des Sterbens, zumindest für seinen Anlass. Ein Sonntag ist der Tag der Muße, also wird voraussichtlich nicht eine berufliche oder sonstige Verpflichtung, sondern eine müßige Betätigung der Ausgangspunkt der Sterbenserfahrung gewesen sein. Außerdem ist der Sonntag im christlichen Verständnis der Tag des Herrn, also für christlich-religiöse Menschen Tag der Religionsausübung. Zu den Bereichen menschlichen Lebens, die der religiösen Deutung in strukturellem Sinne bedürfen, gehört der Tod als Grenze in ausgezeichneter Weise. – Entweder also wird die Muße für die Erfahrung relevant sein, oder die Religion.

.../ *im Januar* \...
Mit der Nennung des Monats ist eine jahreszeitliche und damit klimatische Eingrenzung möglich; voraussichtlich ist dies für die thematische Sterbenserfahrung relevant. Das könnte die Tätigkeit betreffen, oder die Folgen (Kälte draußen; Wärme drinnen).

.../ *ging ich mit meiner Familie* \...
Nach der Bestimmung des Zeitraums winterlicher Muße wird die Verortung in den diffusen Sozialbeziehungen vorgenommen. Es ist davon auszugehen, dass der ‚Einsame' hier spricht, denn Sterben als Erfahrung kann nur in der Perspektive des sterbenden Subjekts beschrieben werden. Mit „mit meiner Familie" sind zunächst die objektiven Sozialbeziehungen benannt; ihr praktischer Vollzug ist nicht thematisch.

.../ *zum Rodeln* \...
Das müßige Wintervergnügen des Rodelns spricht nun dafür, dass die diffusen Sozialbeziehungen in der Selbsteinschätzung des Ich-Erzählers vollzogen wurden (kontrastiv müsste es sonst etwa heißen: ‚An

26 Zur Kapitel- und zur Zwischenüberschrift s. o., S. 29 f. bzw. 31.

einem Sonntag im Januar ging meine Familie Rodeln; ich schaute zu' – o. ä.). Zugleich ist nun der Handlungsrahmen eröffnet, in dem es vermutlich zur Sterbenserfahrung, kam; zumindest der Anlass wird darin liegen. Es wird nahegelegt, dass es sich um einen Rodelunfall handelt.

.../ auf eine nahegelegene Abraumhalde – \...
Das müßige Wintervergnügen war ein kurzes Heraustreten aus der Alltagsroutine, möglicherweise nicht lang geplant, sondern spontan eine Möglichkeit ergreifend. Dies markiert eher die Seite der Muße am Sonntag, als die religiöse; zudem wird das Zufällige, Unerwartete des folgenden nahegelegt. Dies ist aufschlussreich, ist damit die hier thematische Sterbenserfahrung vermutlich nicht die eines alten Menschen, der am Ende seines erfüllten Lebens, oder doch nach einer Krankheit den Tod erwartet, sondern die eines im Leben stehenden Vaters oder einer Mutter,[27] der bzw. die weder vom Alter her (er bzw. sie hat Kinder, mit denen er bzw. sie rodeln geht), noch vom Gesundheitszustand her (er bzw. sie geht rodeln) mit dem Tod in naher Zukunft ‚rechnete'.

.../ die einzige erwähnenswerte Erhebung im Umkreis von dreißig Kilometern –, \...
Einerseits wird hier der Ausnahmecharakter betont: außer dieser Erhebung gibt es für ein spontan unternommenes Rodeln ohne großen Fahrtaufwand gar keine Option – und damit auch keine Gelegenheit, sich in die Gefahr zu begeben, von der hier vermutlich berichtet wird; andererseits wird die Unwahrscheinlichkeit der Gefahr hervorgehoben, ist die „Erhebung" doch gerade einmal „erwähnenswert", also vermutlich nicht bedeutend.

.../ auf der wir zuvor nie gewesen waren. \...
Dass die Sozialbeziehungen praktisch vollzogen werden, wird durch das Personalpronomen nochmals bestätigt. Das benannte Faktum macht einerseits die Gefahr deutlich, beim Rodeln auf unbekanntem

27 Nicht ausgeschlossen, aber doch unwahrscheinlich ist, dass der Ich-Erzähler ein Kind ist bzw. zum Zeitpunkt der erzählten Begebenheit war, verweist der Ausdruck „mit meiner Familie" doch auf die Elternperspektive.

Terrain zu Schaden zu kommen, andererseits wird erneut der Ausnahmecharakter hervorgehoben.

> *.../ Eine Rodelbahn, \...*

Der Gefahrencharakter wird wieder zurückgenommen, ist doch eine regelrechte Rodelbahn vorhanden (es sei denn, dies würde in der Folge verneint), zugleich wird der Charakter der Freizeittätigkeit als unbeschwerte Muße betont.

> *.../ auf der schon viele gefahren waren, \...*

Einerseits wird mit dieser Formulierung (im Gegensatz zu einer ‚vielbefahrenen Rodelbahn') hervorgehoben, dass die Rodelbahn vermutlich vereist und damit durchaus gefährlich ist; andererseits haben viele sie ja unbeschadet benutzt, was den Gefahrencharakter zurücknimmt und nochmals die Unwahrscheinlichkeit des Todes betont.

> *.../ führte vom Gipfel der Halde, einem Aussichtspunkt, auf einen Weg hinunter. \...*

Die ganze Anlage des Geländes ist in eine Freizeit-Routine eingelagert; offensichtlich also nichts Außergewöhnliches, also in Bezug auf dann eintretendes Außergewöhnliches zufällig. Die Absurdität des Sterbens wird vorbereitet.

> *.../ Alles war verschneit, und der Gang auf die Halde hinauf war ein schöner Winterspaziergang. \...*

Eine friedliche Landschaft, die zur müßigen Betrachtung anregt und einen entspannten Winterspaziergang – müßiges Schlendern, Gespräche etc. – erlaubt. Ein Gedanke an den Tod, das Sterben liegt fern.

> *.../ An der Rodelstrecke angekommen, \...*

Dass es hier „Rodelstrecke" (statt ‚Rodelbahn') heißt, lässt deutlich werden, dass nun das zu beschreibende Ereignis in der Perspektive des Erzählers als praktischen Nutzers der „*Rodelbahn*" thematisch wird.

> *.../ stieg ich mit unserem Sohn gleich zügig die Strecke hinan. \...*

Damit wird markiert, dass die Strecke nicht vorab erkundet wurde – was auch nicht unbedingt naheliegt, wenn der oben herausgestellte Routine-Charakter einer Rodelbahn in Betracht gezogen wird; was allerdings für einen möglichen Rodelunfall relevant sein könnte. Dass der Hang[28] ‚zügig' erklommen wurde, macht deutlich, dass hier ein gemeinsames Erlebnis als – lang ersehnte – Ausnahme aus dem Alltag angestrebt wurde.

> *…/ Er mit einem Holzschlitten, ich mit einer Plastikscheibe aus Kunststoff, einem sogenannten Ässchlitten. Kaum oben, ging's gleich los. \…*

Offensichtlich steht ein – ungleiches – Wettrennen an; unkonventionell: ohne Startzeichen – Wetteifer der Generationen. Dieses Moment hat zwei Aspekte: Zum einen geht es um die Vergemeinschaftung zwischen (wahrscheinlich) Vater und Sohn, was einerseits Anerkennung des Sohnes durch den Vater, andererseits aber auch das Ringen des Vaters um die Anerkennung des Sohnes beinhaltet; zum anderen geht es für den Vater darum, im Gleichziehen mit der nachkommenden Jugend seine eigene Vitalität zu bekräftigen. Wir haben es hier also mit einem – undramatischen – Ringen um Identität, um Selbstrechtfertigung des Vaters zu tun: Ich bin lebendig, kann mich an kindlichen Freuden ergötzen, bin Partner meines Sohnes wie ein Peer.

> *…/ Nach wenigen Metern landete ich in einem kleinen Loch, \…*

Das kann nicht der zu erwartende Rodelunfall sein; die Schilderung ist zu harmlos. Somit handelt es sich eher um ein spannungsverstärkendes Moment, dass die Harmlosigkeit des Wintervergnügens gesteigert deutlich macht. Zugleich wird gegenüber dem Sohn, der offenbar ohne Störung den Hang hinabfuhr, das – möglicherweise altersbedingt auf mangelnder Agilität beruhende – Ungeschick markiert.

> *…/ fuhr dann aber gleich weiter und erreichte eine hohe Geschwindigkeit. \…*

Das Ungeschick wird ausgebügelt, die Spannung weiter erhöht.

> *…/ Der Schnee spritzte mir ins Gesicht, \…*

Die Rasanz der Fahrt wird veranschaulicht, der Freude, die sie bereitete, Ausdruck gegeben. Allerdings kündigt sich hier auch eine Ge-

28 Nicht-Rodler gehen offensichtlich nur bis zum Fuß des Hangs auf die Halde hinauf.

fahr an: Der ins Gesicht spritzende Schnee behindert die Sicht; die künstliche herbeigeführte Krise ist einerseits Chance neuer Erfahrung – das ist die Seite, die Kinder, weltoffen und neugierig und strukturell optimistisch, in ihr sehen – und andererseits Risiko des Scheiterns zugleich.

.../ wodurch ich kaum noch durch meine Brillengläser sehen konnte. \...

Nun ist die Gefahr offenkundig: Bei einer unbekannten Strecke, die man mit den Fernsinnen nicht einschätzen kann und in rasantem Tempo durchfährt, überwiegt die Gefahr; hier handelt es sich nicht mehr um eine Fahrt ins Unbekannte – offenen Sinns und voll des Selbstvertrauens ins Gelingen –, sondern um eine ungewisse, gefährliche Fahrt.

.../ Ich hoffte nun, bald den Weg zu erreichen, um dort sanft auszugleiten. \...

In einer nicht mehr kontrollierbaren Situation bleibt dem Protagonisten nurmehr die Hoffnung; er kann nicht mehr auf seine Fähigkeiten und Fertigkeiten vertrauen, da ihm ein Ansatzpunkt fehlt, sie einzusetzen – und die Zeit, einen solchen zu finden. Das Handeln geht über in ein Geschehen, die Aktivität in ein nicht gestaltendes Verhalten.[29]

.../ Was ich übersehen hatte: Zwischen Rodelhang und Weg war ein Graben, in dem ich landete, mit dem rechten Fuß voran; \...

Der Unfall entspringt mehr als einer Unachtsamkeit: die Strecke zuvor nicht erkundet, die Sichteinschränkung auf dem Ässchlitten nicht vorausbedacht und die Geschwindigkeit unterschätzt zu haben. Allerdings ist – selbst wenn die Wucht des Aufpralls erhebliche Verletzungen: etwa einen Beinbruch, wahrscheinlich macht – doch nicht ein tödlicher Ausgang zu erwarten.

.../ der drehte sich und war auf einmal unter meinem Gesäß. Ich spürte gleich, dass ich eine ernstere Verletzung hatte: Bruch oder

29 Hier erhält der Terminus ‚Verhalten' seine ursprüngliche Bedeutung von warten, abwarten, zurückhalten (vgl. Grimm/Grimm 1956/1991: Sp. 508-514).

Bänderriss, spürte, dass ich mich so schnell nicht würde bewegen können, \...

Auch das ist nicht tödlich, befindet der Erzähler sich doch nicht allein in der Wildnis, sondern inmitten, zumindest in der Nähe der Zivilisation, zusammen mit seiner Familie. Er beginnt zudem die Krise zu realisieren und im Erkennen der Lage nach Lösungen zu ihrer Bewältigung zu suchen.

.../ und bat meinen Sohn, der auch da war (auch heruntergerodelt?), \...

Hier wird deutlich, dass der Erzähler aufgrund der Beeinträchtigung nicht alles in Erinnerung hat bzw. nicht alles wahrgenommen hat. Er ist aufgrund der Krise aus der Situation und ihrer Wahrnehmung ein Stück herausgetreten.

.../ mir schnell den Holzschlitten zu geben, auf den ich mich rasch hinaufstemmte und setzte, um nicht längere Zeit im kalten Schnee sitzen zu müssen.

Der Unfall selbst ist also – bei aller Gefährlichkeit und Ernsthaftigkeit der Verletzung – nicht lebensgefährlich; die Lage ist ernst, aber mit Hilfe der anwesenden Familie zu bewältigen. In der Bewältigung der Krise kann die Befestigung der Vergemeinschaftung, die in dem müßigen Spiel begonnen worden war, sich fortsetzen. Der Verunglückte ist in der Krise noch vorausschauend und hebt also gleich recht selbstsicher zu ihrer Bewältigung an.

[Zwischenüberschrift 2 zu Kapitel 2:] *Die „Rettung“*

Nun wird deutlich, dass mit „Rettung“ die nach dem Unfall gemeint sein, dass aber zudem die oben[30] geäußerte Vermutung zutreffen muss, dass die eigentliche Lebensgefahr mit der durch die Anführungszeichen als uneigentlich, als vermeintlich gekennzeichneten Rettung verbunden sein muss.

Da die Schmerzen im Bein, oberhalb des Knöchels, bei jeder Bewegung unerträglich waren, war mir klar, dass ich ohne fremde, ohne ärztliche Hilfe nicht herunterkam von der Halde \...

Die Klarheit ergab sie sich aus der Körpererfahrung; der Erzähler

30 Zur Zwischenüberschrift s. auch o., S. 31 f.

ist hier ganz durch diese sich durch die Heftigkeit der Schmerzen in den Vordergrund drängende Körpererfahrung besetzt. Dies begründet, dass er im Singular von sich spricht, dass er sich die Klarheit nicht im Austausch mit seiner Familie verschaffte. Auch wird durch die Verwendung des Indikativs und dadurch, dass der Erzähler nicht die Distanz eines auktorialen Erzählers einnimmt, deutlich, dass die erzählte Erfahrung sich noch in die Erzählung der Erfahrung hineindrängt.

> *.../ und nicht ins Krankenhaus, wohin ich, das mir war ebenfalls klar, musste. \...*

Welche Möglichkeiten sich nun für den Verunglückten ergaben, müsste geprüft werden; die Familie fällt hier zunächst einmal anscheinend aus. Von daher würde man vermuten, dass nur der Verunglückte und seine Kinder, nicht aber sein Ehepartner mit am Ort des Geschehens war oder dass die Kinder zu klein waren, um sie mit dem Verletzten etwa allein zu lassen. Allerdings kann der Ehepartner die Initiative ergriffen haben, ohne dass dem Ich-Erzähler dessen Handeln wahrnehmbar und bewusst wurde. – Darin, dass das Dativobjekt als Repräsentanz des Erzählers syntaktisch falsch nach vorn rückt und so der Nebensatz mit einem Hauptsatz amalgamiert wird, drückt sich ein Versuch des Erzählers aus, sich selbst als Agens zu behaupten – als habe er sich gegen einen drohenden Untergang zu wehren.

> *.../ Mit dem Handy einer Familie, die ebenfalls dort zum Rodeln war, wurde die Rettung verständigt. \...*

Hier wird durch die Passiv-Konstruktion deutlich, dass der Ich-Erzähler nunmehr sich als Bestandteil eines Geschehens begreift, dessen Akteure ihm nicht klar sind. Dazu passt auch, dass es sich für ihn um das Mobiltelefon „*einer Familie*" handelt, kann er offensichtlich den in der Regel ja individuellen Besitzer nicht erinnern.

> *.../ Es dauerte sehr lange, bis man endlich sich einen Rettungswagen nähern hörte. Die Sanitäter kamen mit einem aufblasbaren Kissen zum Schienen des gebrochenen Beins den Berg heraufgestiegen \...*

Der Ich-Erzähler scheint nun ganz in seinen Schmerz versunken zu sein; nur dass die Zeit bis zum Erscheinen der ‚Rettung' sehr lang war, wird festgehalten; was in dieser Zeit des Wartens außer dem

Warten noch geschah, nicht. Es kann von hierher nicht auf die Realität geschlossen werden; deutlich zeigt sich hier die Abhängigkeit des Protokolls von der Protokollierungshandlung. Der Ich-Erzähler greift auf seine damalige Perspektive zurück, in der die Zeit des Wartens sich zur reinen – schmerzerfüllten – Wartezeit entleerte.

> *.../ – mit dem Wagen die verschneiten engen Wege hinauf zu fahren, trauten sie sich nicht; auch war, wie ich später erfuhr, der Weg mit einer abgeschlossenen Schranke versperrt – in der Meinung, bei dem Verletzten handle es sich um ein Kind – wer sonst verletzte sich wohl beim Rodeln – und überlegten nun, wie sie mich den Berg hinunterbekommen sollten. Tragen ging nicht, und – trotz Anlegen der Schiene, was sehr schmerzhaft war, aber dann eben auch durch Ruhigstellung weiteren Schmerzen weitgehend vorbeugte – ein Schlittentransport war, wegen der Schmerzen ebenfalls ausgeschlossen. Ein Arzt musste her.*

[neuer Absatz]

> *Der wurde verständigt und kam nach geraumer Zeit – ich zitterte mittlerweile sehr, nicht nur vor Kälte – mit seinem dreißig Kilogramm schweren Notfallkoffer den Berg hinauf gestiegen. Um mir ein schmerzbetäubendes Mittel zu spritzen, wollte der Arzt das Betäubungsmittelkästchen in seinem Notfallkoffer öffnen, wozu er des Schlüssels bedurft hätte, der im Wagen der Sanitäter am Fuße der Halde war. Was nun? Mein Zustand wurde bedenklich, da ich langsam auskühlte, ich fror und zitterte sehr; nochmals den Berg hinunter wollte wohl niemand; \...*

Hier[31] beginnt der Leser zu begreifen, warum ‚Rettung' in der Abschnittsüberschrift in Anführungszeichen gesetzt wurde: die Sanitäter wurden nicht angemessen informiert und hielten sich an ihre Alltagserfahrung, die hier aber nicht weiter führen konnte. Das Geschehen wird weiter als beinah anonymes Geschehen geschildert; die Akteure werden zwar benannt, aber vom Ich-Erzähler nicht etwa plastisch beschrieben, sondern nur in ihrer Funktion gekennzeichnet. Hier

31 Die Auswertung dieses Teils des Erinnerungsprotokolls wird hier nur kursorisch dargestellt, da darin nur die Rahmung des thematisch interessierenden Teils des protokollierten Vorgangs geschildert wird.

drückt sich noch in der Erzählung die durch den Schmerz bedingte fehlende aktive Teilnahme an der Krisensituation und ihrer Bewältigung aus.[32] Die ‚Rettung' zieht sich unglaublich in die Länge; formal wird dies durch den Absatz ausgedrückt, der deutlich werden lässt, dass die Verständigung des Arztes – oder die Entscheidung hierzu – nicht rasch erfolgte. Darüber hinaus wird die Zeit, bis der Arzt kam, als lang empfunden – was nicht verwundert. Die objektiven Schwierigkeiten der Rettungskräfte, hier des Arztes, werden durchaus gewürdigt – so etwa in der Nennung des Gewichts des Notfallkoffers aber auch in der Übernahme der Perspektive des Arztes („hinauf" statt ‚herauf'). Die mangelnde Professionalität, Unerfahrenheit und Ungewöhnlichkeit der Situation potenzieren sich. Allerdings steht die Ungewöhnlichkeit der Situation so offen vor Augen, dass gerade diese bei professionellem Handeln zu einer angemessenen Reaktion geführt hätte. Der Arzt hat offensichtlich nicht, wie es seine Aufgabe als professionalisierter gewesen wäre, die Krise – als diese spezifische – routinisiert bewältigt, sondern vielmehr die Krise zur Routine umgedeutet und dieser Umdeutung gemäß gehandelt. Nun ist vollends deutlich, dass die Rettung nur als uneigentliche verstanden wird. Offensichtlich war für das Rettungspersonal die Unbequemlichkeit der fälligen Problemlösung gewichtiger als die Lösung des Problems selbst. Hier grenzt das Handeln an Fahrlässigkeit; zwar hätte einer der Sanitäter bei dem Schnee sicher einige Zeit für Hin- und Rückweg benötigt, aber in Anwesenheit des Arztes hätte der Verletzte dies wohl überstehen können.

.../ es gab ja auch eine Alternative: \...

Im Zusammenhang mit der vorhergehenden Formulierung wird deutlich, dass diese Alternative eine Verlegenheitslösung war, aus – unnötiger – Not geboren, da niemand den Weg hinunter machen wollte.

.../ Aus Mitteln, die mir unbekannt blieben, mischte der Arzt ein Medikament, dass er mir in die Vene spritzte. Die Reise begann...

Im Gegensatz zu dem Anlass, der in dem Abschnitt vorher beschrieben wurde, ist hier nun der Grund – wenn auch nicht explizit als solcher benannt – für die Reise: das Sterben, angegeben. Eine Reihe von

32 Das fehlende Genitiv-s („*trotz Anlegen*") indiziert womöglich ein Versetztsein in den konkreten Vorgang des Anlegens der Schiene.

Unwahrscheinlichkeiten ergab eine Konstellation, die tödlich war. – Dass das Sterben hier als „*Reise*" bezeichnet wird, verweist darauf, dass nicht nur die Dislozierung selbst, sondern ihre Erfahrung und ihr Ergebnis thematisch sind (vgl. Grimm/Grimm 1893/1991: Sp. 720). Der Schreibfehler: Konjunktion statt Relativpronomen, markiert die Tatsache, dass der Arzt das Medikament in die Vene spritzte, nochmals als Anlass, wo nicht als Ursache der Reise.

[Zwischenüberschrift 3 zu Kapitel 2:] *Der Flug*
Oben wurde dieser Abschnitt aufgrund der Zwischenüberschrift bereits als zentral charakterisiert.[33] Hier muss nun die Sterbe-Handlung (oder das Sterbe-Ereignis) beschrieben werden.

Zunächst \...
Nachdem der Arzt das Medikament gespritzt hatte, wird nun die Wirkung als eine Abfolge von diskret beschreibbaren Momenten dargestellt. Dies passt durchaus zum Bild des Fluges, der Sterben als zeitlich gedehnten Übergang fasst. Außerdem macht die Verwendung der Präposition ‚zunächst' als Temporaladverb deutlich, dass hier entweder eine allmähliche Steigerung von etwas oder aber ein Umschlagen (‚zunächst ließen die Schmerzen nach; dann aber wurden sie umso heftiger') zu erwarten ist.

.../ ließen langsam die Schmerzen nach, \...
Das Nachlassen der Schmerzen ist eine Vorbedingung von etwas das als ‚Flug' beschrieben werden wird. Eine Entspannung und die Möglichkeit zu Kommunikation oder auch zu Konzentration wird wiedergewonnen. Damit kann sich der sich nun entfaltenden Erfahrung, die, wie die Kapitelüberschrift deutlich machte, die Erfahrung des Sterbens sein muss, aufmerksam zugewandt werden – es sei denn, es erfolgt das erwähnte Umschlagen.

.../ dann begann eine merkwürdige Fahrt. \...
Die als merkwürdig charakterisierte Fahrt wird gewiss im Folgenden geschildert werden. Das Adjektiv tritt hier in seiner wörtlichen Bedeutung vor Augen: Die Fahrt ist einerseits würdig, dass man sie sich merkt; sie ist das Besondere, das er Ich-Erzähler hier zu erzählen

33 Zur Zwischenüberschrift s. auch o., S. 32.

hat (s. o., Fn. 14). Andererseits ist sie nicht so ohne weiteres durch ein bewährtes (routiniertes) Deutungsmuster bestimmbar. Möglicherweise haben die Sanitäter den nun schmerzfreien Verunglückten auf dem Schlitten gen Tal gefahren; diese Schlittenfahrt muss aber einen über den außergewöhnlichen Anlass und die außergewöhnlichen Umstände hinausgehende Merkwürdigkeit haben, handelte es sich doch sonst, wie mit einem Ausdruck aus dem Schachsport gesagt werden kann, um einen Tempoverlust im Erzählen.[34]

.../ Schloss ich die Augen oder schlossen sie sich? \...
Das Schließen der Augen – etwa beim Einschlafen – ist Moment der Konzentration nach innen, Voraussetzung des Ruhens, es hält, als Bedingung müßigen Träumens, die visuellen Reize der Außenwelt fern. Zugleich ist das Schließen der Augen Ausdruck der Entspannungsbedürftigkeit des Körpers, eine physiologische Reaktion, die den beschriebenen Sinn hat: von den visuellen Außenreizen zu entlasten und so eine Regeneration zu erleichtern. Aufschlussreich ist hier, dass dem Ich-Erzähler eine Unterscheidung zwischen aktivem Tun und passivem Erleiden, zumindest zwischen willkürlichem Tun und unwillkürlichem Geschehen nicht sicher möglich ist. Beides geht ineinander über. Dies verweist darauf, dass die Handlungsinstanz als Zentrum bewusster Entscheidung offensichtlich zurücktritt. Man könnte auch sagen, dass Handeln als Entscheiden und Handeln als Erfahren auseinandertritt. Letzteres wird weiterhin von Bewusstsein begleitet; ersteres verlagert sich auf die Ebene des deskriptiv Unbewussten.[35] In der Selbstdeutung wird die Intentionalitätsinstanz mit ‚ich' bezeichnet. Vergleicht man die zu analysierende Sequenz mit der Äußerung „Schloss ich das Fenster oder schloss es sich?", so wird deutlich, dass anders als bei diesem Beispiel in dem zu analysierenden Text nicht eine Unsicherheit im Erinnern vorliegt, sondern eine Unbestimmtheit im Erinnerten. Die Erfahrung des Handelns ist stets

34 In diesem Sinne übertrug Johnny Paquet (Frankfurt/M.) diesen Ausdruck einmal anlässlich der Analyse des Gedichts „L'albatros" (Baudelaire 1861/1975: 9 f.) in einem Seminar Ulrich Oevermanns an der Universität Frankfurt treffend auf die Textgestaltung.

35 Mit der Bezeichnung ‚deskriptiv unbewusst' wird lediglich die Tatsache benannt, dass das Handeln dem Handelnden nicht mehr bewusst ist; zur Unterscheidung von deskriptiv und dynamisch Unbewusstem vgl. Freud 1913/1990.

eine Rekonstruktion; insofern folgt die Erfahrung auch dann, wenn etwas als bewusste Entscheidung erfahren wird, stets dem Handeln, also dem Entscheiden nach. Hier aber gelangt, indem Handeln und Erfahren in der Erinnerung auseinandertreten, das Handeln als solches zum Ausdruck.

.../ Die Anspannung, das Zittern wich von mir, \...
Wie dargelegt, geht das Schließen der Augen mit einer Entspannung einher;[36] da aber hier Anspannung und Zittern identifiziert werden (das Verb steht im Singular) und das Zittern in Leiberfahrung gründet: Kälte und Schmerz, muss das intravenös verabreichte Medikament über das Schließen der Augen hinaus eine entspannende Wirkung auf den ganzen Körper gehabt haben, die als Geschehen wahrgenommen wurde.

.../ ich konnte mich wohlig sinken lassen. \...
Sich sinken lassen – in die Kissen, in die Arme von jemandem – drückt Vertrauen aus und entspannte Gelassenheit. Der Ich-Erzähler nimmt die Erfahrung der Entspannung, die er als Befreiung empfindet, an. Die Passivität wird also nicht als eine Fremdbestimmung erfahren, sondern als Gelegenheit der Entspannung, die wahrzunehmen selbst gewählt, zumindest zugelassen werden kann. Allerdings ist auffällig, dass das Sinken hier nicht wie in den erwähnten Beispielen einen Zielort des Vertrauens hat, wie es auch bei ‚zurücksinken' der Fall wäre, sondern Sinken per se ist. Dies passt nur zum Sinken im Wasser: Etwa könnte ein Taucher, der nach dem Sprung ins Wasser noch einmal seine Ausrüstung prüfte, deren Funktionieren feststellte, so von seinem Tun erzählen: „*ich konnte mich [...] sinken lassen.*" Damit ist der Sinkende allein in dem Element, in dem er sich Sinken lässt; unbestimmt ist zudem der Ort, zu dem er hinabsinkt, ja sogar: ob es einen solchen Ort gibt.

.../ Alles Hörbare \...
Da die Augen geschlossen sind, bleibt nur das Hören als Fernsinn übrig. Da hier nicht ein spezifisches Geräusch, ein spezifischer Laut,

36 Vgl. Sigmund Freuds Formulierung vom „allgemeinen Absinken des Interesses, welches den Schlaf herbeiführt und die geistige Vorbereitung für das Schlafen bildet" (a. a. O.: 437).

sondern das Hörbare schlechthin in seiner Qualität der Hörbarkeit thematisiert wird, ist anzunehmen, dass es sich in die Entspannung einfügt, etwa indem es lediglich gedämpft klingt oder gar verklingt.

.../ und alles Fühlbare \...
Auch alles dem Nahsinn Zugängliche wird reduziert: auf die Qualität der Fühlbarkeit.

.../ – Stimmen, Bewegungen – \...
Das Spezifische, das aus dem Hör- bzw. Fühlbaren nun herausgehoben wird, ist vermutlich das Dominante in dem jeweiligen Sinnesbereich (wären etwa Schritte, Windgeräusche oder Druckempfindungen an einem bestimmten Körperteil genannt worden, so wäre von einer besonders wachen Wahrnehmung auszugehen – was mit der vorhergehenden Formulierung kontrastierte). „*Stimmen*" der Sanitäter und der Familienmitglieder werden nicht unterschieden und Gesagtes wird nicht erkannt; vielmehr werden lediglich Stimmen als Stimmen identifiziert, was für die Dämpfung, die Entfernung vom Aufmerksamkeitszentrum spricht. „*Bewegungen*" können, wenn die Augen geschlossen sind, nur die Bewegungen, also das Bewegtwerden des eigenen Körpers sein; dies wird nicht als bedrohlich erfahren.

.../ rückte \...
Das „*Hörbare*" wie das „*Fühlbare*" sind nicht nur grammatisches Subjekt des Satzes, sondern werden als Agens konzipiert, über die der Erzähler keine Kontrolle hat und auf die er also seine Aufmerksamkeit nicht fokussieren kann; darin wird spiegelbildlich die Passivität des Erzählers, seine Machtlosigkeit[37] deutlich.

.../ in eine unbestimmbare Ferne. \...
Die Vagheit der verbliebenen Sinneswahrnehmungen korrespondiert mit dem Sinken ins Unbestimmte: der Erzähler kann seinen Ort und relativ dazu den Ort des Wahrnehmbaren nicht bestimmen; nur, dass es sich nicht im Nahbereich der Beeinflussbarkeit, der Erreichbarkeit befindet, ist klar. Die Einsamkeit, von der titelgebend die Rede

37 Vgl. konstrastiv: „the act of attention has no connotation at all, but is the pure denotative power of the mind, that is to say, the power which directs the mind to an object" (Peirce 1868: 288 {34}).

ist, wird hier durch eine mangelnde Verortung im physischen Raum bereits vorgebildet; die Verortung im sozialen Raum wird ebenfalls fehlen, zumindest schwierig sein, sind die Anwesenden doch auf „*Stimmen*" reduziert.

.../ Ich sank, \...

Nun widerfährt das Sinken dem Erzähler. ‚*Ich*' ist hier Satzsubjekt, aber nicht Agens. Es ist klar, dass es sich nicht um eine reale Bewegung seines Körpers handeln kann, sondern um eine innere Bewegungserfahrung. Sinken bedeutet, dass der Sinkende keinen Halt, keinen festen Boden unter den Füßen oder einen Haltegriff über sich hat. Es ist also nicht nur eine mangelnde Verortung, die hier erfahren wird, sondern darüber hinaus ein mangelnder Halt – ohne dass das eine oder das andere als Mangel erfahren würde; es wird vielmehr neutral beschrieben.

.../ und während des Sinkens setzte ich mich in Bewegung, \...

Da das Sinken auch eine Bewegung ist, muss es sich hier um eine andere Bewegung handeln, die vermutlich, im Gegensatz zum passiven Sinken, aktiv durchgeführt wird. Das reflexive Verb verweist auch darauf; allerdings wird es gerade auch für Bewegungen verwendet, die hetero-mobil verursacht sind (etwa: ein auf einem abschüssigen Weg abgestelltes Gefährt, bei dem die Bremse sich löste, setzte sich in Bewegung) und von dem bewegten Gegenstand nicht kontrolliert werden. Neben dem Sinken erfährt der Erzähler also eher passiv eine weitere Bewegung.[38]

.../ besser: geriet in ein Rutschen, \...

Damit wird in einer Korrektur die Passivität auch der zweiten Bewegung herausgestellt. Dadurch, dass der Erzähler aber die erste Formulierung nicht tilgt, bleibt die Ambivalenz zwischen Eigentätigkeit und Fremdbestimmtheit, die sich oben bereits zeigte (s. auch o., S. 43, zum Augenschließen), erhalten. – Rutschen ist nun gegenüber Sinken

38 Vgl.: „Die Ganzheit realisiert sich selbst in dir. Sie nahm mich mit. Nicht aus meinem Bewußtsein heraus, wie die Ohnmacht, sondern in mein Bewußtsein hinein. Ein immense Kraft trug mich mit sich, sie wirkt innen und außen zugleich, deswegen wird eine solche Unterscheidung auch für das Bewußtsein überflüssig." (Nádas 2002: 201) – Leider vermengen sich hier Beschreibung und Reflexion.

in der Nicht-Kontrollierbarkeit gesteigert, was durch die Substantivierung darüber hinaus nochmals forciert wird. Der unbestimmte Artikel markiert zudem die Unbestimmtheit der Verortung (kontrastiv zu: ‚geriet ins Rutschen').

.../ war plötzlich \...
Die parataktische Satzkonstruktion bei Nichtwiederholung des Subjekts drückt eine Beschleunigung der Geschehnisse aus und verschränkt sie ineinander: sie sind geradezu nicht unterscheidbar. Das Temporaladverb *„plötzlich"* markiert das Unerwartete; Plötzlichkeit ist der temporale Modus der Wahrnehmung von Schönem wie von Schrecklichem (vgl. Bohrer 1981: 44). „Plötzlichkeit ist die Anschauungskategorie, mit der wir das Neue, das Erhoffte, das ‚ganz andere' denken. Die Plötzlichkeit stellt erst jene punktuelle zeitliche Qualität her, wodurch der Umschlag des Seienden in das Noch-Nicht-Seiende, das sich nicht allmählich in der Zeit einstellt, erst denkbar wird. Dieser Umstand ließe sich sogar als Argument gegen die Wahrscheinlichkeit des ‚Plötzlichen' anführen, denn was sich nicht in der Zeit entwickelt, kann gar nicht in der realen Zeit enthalten sein." (Bohrer 1973: 44)

.../ in einem röhrenförmigen, weißen Tunnel \...
Wie im Traum scheint sich hier die Umgebung zu verändern, ohne dass dies einer bestimmbaren Bewegung kausal zuzuschreiben ist; das Ineinander der verschiedenen Bewegungen und Umgebungen drückt vor allem die Intensität der Erfahrung aus. – ‚Röhrenförmiger Tunnel' ist eine merkwürdige Kombination, hat eine Röhre doch in der Regel einen runden Querschnitt, ein Tunnel aber, da er ja einen befahr- oder begehbaren geraden Boden hat, eher einen Querschnitt in Form eines umgedrehten ‚U'. Diese Form des Tonnengewölbes[39] ist aber abgeleitet von seinem Charakter als unterführender Verkehrsweg. Somit stellt die Kombination einerseits die Röhrenform und andererseits die Tatsache, dass der Tunnel von einem Ort zu einem anderen führt, heraus. Des Weiteren wird durch die Benennung der Farbe markiert, dass es nicht, wie bei einem Tunnel doch zu erwarten,[40] dunkel darin ist. Dieser Tunnel hat also nicht primär etwas Bedrohliches, aus dem

39 afrz. ton(n)el = Tonnengewölbe
40 Vgl. die Rede vom Licht am Ende des Tunnels.

man herauszukommen bestrebt ist. Zugleich schirmt der Tunnel den darin Befindlichen gegen jedewede Umgebung ab; erfahrbar ist nur noch das Innere des Tunnels. Dass dieses weiß ist, bedeutet darüber hinaus eine Reduktion der (farb-) sinnlichen Erfahrung: „Im WEISS sind alle Farben verschwunden, es ist großes Schweigen, aber voll Möglichkeiten wie das Nichts vor der Geburt." (Kandinsky 1957: 90; Kapitälchen i. Orig.) – und: „in essence whiteness is not so much a color as the visible absence of color, and at the same time the concrete of all colors" (Melville 1851/1992: 282 {35})[41]

.../ – wie eine Röhrenrutsche im Schwimmbad – \...
Dieser Vergleich nimmt das oben Genannte auf, zugleich greift er das Rutschen wieder auf, macht also deutlich, dass der Erzähler sich nicht lediglich statisch in dem Tunnel befand, sondern in – vermutlich rasanter – Bewegung auf den Ort zu, zu dem der Tunnel führt.

.../ durch den ich sehr schnell voransauste, \...
Die Geschwindigkeit und die Gerichtetheit wird, allerdings ohne Zielnennung, aufgegriffen, erstere durch die Steigerung und Verdopplung besonders betont.

.../ dabei hörte ich ein Geräusch, \...
Die Bewegungserfahrung hatte sich von der Erfahrung realer Bewe-

41 Insofern eignet sich Weiß für die Symbolisierung der Freude (was in der westlichen Kultur zu finden ist; vgl. das folgende Zitat) wie der Trauer (etwa in Indien) und des Schreckens. – Vgl. hierzu die eindrucksvolle Schilderung des Erschreckens durch das Weiß von Moby Dick vor dem Hintergrund der positiven Wirkung von Weiß: „It was the whiteness of the whale that above all things appalled me. [...] Though in many natural object, whiteness enhances beauty, as if imparting some special virtue of its own, as in marbles, japonicas, and pearls; [...] and though besides all this, whiteness has been even made significant of gladness, for among the Romans a white stone marked a joyful day; and though in other mortal sympathies and symbolizings, this same hue is made the emblem of many touching, noble things – the innocence of brides, the dignity of age; [...] yet for all these accumulated associations, with whatever is sweet and honorable, and sublime, there yet lurks an elusive something in the innermost idea of this hue, which strikes more of panic to the soul than that redness which affrights in blood." (Melville 1851/1992: 272 ff. {36})

gung zu einer Erfahrung imaginierter Bewegung verschoben; ebenso die Erfahrung visueller Wahrnehmung bei geschlossenen Augen. Dies scheint nun auch für die Hörwahrnehmung der Fall zu sein. Das Geräusch wird zudem als mit der weiteren Erfahrung lokal verknüpft dargestellt: „*dabei*“ (vgl. Eisenberg 2001: 191), ist also nicht nur gleichzeitig zu hören, sondern entweder mit der Bewegung oder der Röhre sachlich verbunden.[42]

.../ ein monotones Brummen, \...

Die beschriebene Hörwahrnehmung, die nicht qualifiziert wird und damit in ihrem Erfahrungswert unbestimmt bleibt, scheint neutral, von außen kommend, aber ohne definitiv bestimmbare Quelle zu sein.

.../ das ich in einem Stück von Berlioz als tiefen Paukentremolo einmal wiederhörte. \...

Auch ohne dass das Stück benannt und auffindbar wäre, lässt sich mit diesem Hinweis doch das Beunruhigende und – gerdezu körperlich – Eindringliche des gehörten Geräuschs vermuten.

.../ Zunächst wehrte ich mich, \...

Das zum Geräusch Gesagte bestimmt offensichtlich auch die Erfahrung, die eine Abwehr auslöste. Die schnelle Bewegung allein war dafür noch nicht ausschlaggebend, aber in Kombination mit dem eindringlichen Brummen, dass sicher nicht nur eine Hör-, sondern zugleich eine Körpererfahrung war, bekommt die erfahrene (imaginierte) Situation etwas Bedrohliches, Krisenhaftes, da sie mit einer Unbestimmtheit einhergeht. – Es wird durch die – zwar ursprünglich lokale, aber meist temporal verwendete – Präposition markiert, dass

42 Eine interessante diesbezügliche Erfahrung kann man in dem „Vertikale neun Fenster“ genannten Teil der Filminstallation „Fliegende Bilder“ von Adolf Winkelmann im Treppenhaus des „Dortmunder U – Zentrum für Kunst und Kreativität“ machen. Neun Bildfenster werden auf eine Wand projiziert und bei jedem Wechsel der einzelnen Bilder ist ein Klickgeräusch zu hören, das aus der Wand zu kommen scheint – und tatsächlich in Lautsprechern erzeugt wird, die in der Wand hinter den Projektionsflächen verborgenen sind. Dieses Klicken hört man nicht nur *während* der Bildwechsel, sondern *bei* den jeweiligen Bildwechseln und ordnet sie ihnen entsprechend zu.

das Sich-Wehren durch etwas anderes – möglicherweise Gegenteiliges: Sich-Hingeben, Mitmachen – abgelöst werden wird.

.../ presste die Arme rechts und links neben meinem Körper unten gegen die Tunnelröhrenwand, \...

Das ist eine interessante Bewegung, kann sie einerseits als Versuch gedeutet werden, die Geschwindigkeit zu reduzieren, zumindest in der Bewegung einen – aktiv erlangten – Halt zu spüren; andererseits aber, indem so die Berührungsfläche zwischen Körper und Röhrenwand reduziert wird, hat diese Aktivität einen beschleunigenden Effekt. Dass die Röhre weiterhin als ‚Tunnelröhre' bezeichnet wird, hält den Fahrtcharakter aufrecht; auch die parataktische Konstruktion ohne Wiederholung des Satzsubjekts bringt die Geschwindigkeit des Geschehens zum Ausdruck.

.../ die Geschwindigkeit war mir zu hoch. \...

Die Absicht des Erzählers war es also offensichtlich, die Geschwindigkeit zu reduzieren, aber möglicherweise mit dem nichtintendierten Effekt der Beschleunigung.

.../ Je länger die Fahrt dauerte, \...

Nun wird die das Sich-Wehren ablösende Aktivität eingeleitet. Die längere Dauer macht entweder die Sinnlosigkeit des Sich-Wehrens erfahrbar oder lässt die Beunruhigung zurücktreten. Dass die Bewegung hier als „Fahrt" bezeichnet wird, verweist auf letzteres: Aus der unwillkürlichen, durch bedrohliches Geräusch begleiteten Bewegung wird eine Fahrt.

.../ desto gelassener wurde ich. \...

Es ist kein aktives Mittun, aber doch ein zunehmend weniger beunruhigtes Geschehenlassen; das ins Adjektiv übergegangene Partizip lässt hier seine ursprüngliche Bedeutung aufscheinen: Ich bin gelassen, weil ich alles gelassen habe.[43] Die Dauer der Fahrt muss eine Qualität er-

43 „gelassen, part.perf. von lassen, in eigner entwicklung als adj., schon mhd. gelâȥen. 1) *gelâȥen* heiszt eigentlich der, welcher die welt und sich selbst gelassen und sich gott gelassen hat, also der begriff nach zwei seiten gerichtet, eigentlich auch nach zwei verschiedenen bedeutungen von lassen, von denen bald die eine bald die andere mehr hervortritt." (Grimm/Grimm 1897/1984: Sp. 2864)

fahrbar machen, die diese Beruhigung motiviert; die Haltlosigkeit muss als nicht bedrohlich empfunden worden sein.

.../ Der Tunnel führte \...
Diese Qualität ist offensichtlich die nun mögliche Verortung. Interessanterweise wird, obwohl von innen erfahren, die Wegführung des Tunnels ebenfalls erfahrbar. Der Erzähler nimmt also sowohl die personale Perspektive des Erfahrenden wie die eines auktorialen Erzählers ein.

.../ zunächst \...
Die beiden Perspektiven werden hier verschränkt, denn in der Perspektive des auktorialen Erzählers führte der Tunnel stets von A über B nach C; nur für den Erfahrenden führt der Tunnel „*zunächst*" von A nach B und dann von B nach C.

.../ durch die Erde \...
Das wiederum kann nur der auktioriale Erzähler wissen; zugleich geht aber ja die ganze Erzählung auf eine Erfahrung zurück, so dass im Erfahren auch die Tunnelführung deutlich geworden sein muss. Es ist offensichtlich eine Antwort auf die durch mangelnde Verortung aufgeworfene Frage erfahren worden: Als im Tunnel Befindlicher erfährt der Fahrende zugleich den Weg des Tunnels. Wie ist das denkbar? Nur in der Aufhebung der Kongruenz von physikalisch bestimmbarer Raum-Zeit mit dem Erfahrungsraum. Dass ein Tunnel durch die Erde führt, kann daraus erschlossen werden, dass es sich um einen Tunnel handelt,[44] aber durch die Präposition wird deutlich, dass eine Erfahrung zum Ausdruck kommt. Erde, als das Feste, in dem man Halt hat, ist hier offensichtlich das Widerlager zu der Erfahrung der Ortlosigkeit. Die Krise schafft sich selbst die Möglichkeiten ihrer Bewältigung. – Der bestimmte Artikel macht aus dem Element Erde zugleich den Himmelskörper ‚Erde'; dies verweist auf die Perspektive eines gar außerhalb der Erde Befindlichen. Wiederum haben wir es mit einer Verdichtung von Gegenläufigkeit zu tun: Festigkeit der Erde als Element und Loslösung von der Erde als Himmelskörper.

44 Die einzige Ausnahme sind unserer Kenntnis nach gläserne Tunnel, wie etwa der Unterwassertunnel aus Acrylglas durch das tropische Becken in der „Sea Life"-Ausstellung in Oberhausen.

…/ und dann, \…
Der Tunnel muss außer durch die Erde auch durch ein anderes Element führen („*und*“); zugleich wird der eigenen Bewegung durch den Tunnel gefolgt (‚Dort, wo ich ihn zunächst passierte, führte der Tunnel durch die Erde; dort wo ich ihn *dann* passierte, führte er durch X.‘). Erneut haben wir es mit einer Verschränkung von Perspektiven: einer Binnenperspektive und einer Außenperspektive, zu tun.

…/ in einem Anstieg, \…
Der Tunnel muss nun „*in einem Anstieg*“ aus der Erde herausführen; nähmen wir Erde lediglich als Element, so müsste er nun durch Wasser (s. Fn. 44) oder aber, was sehr merkwürdig wäre, durch die Luft führen. Allerdings ist ja nicht lediglich das Element ‚Erde‘ thematisch, sondern eben „*die Erde*“, also der Himmelskörper. Der Tunnel müsste dann aus der Erde hinaus ins Weltall führen, wobei dieses dann wie ein stofflich dichtes Element wahrgenommen würde, durch das ein Tunnel eben hindurchführen könnte. – Die beiden Perspektiven bleiben verschränkt erhalten; hier steht die Binnenperspektive der Erfahrung des Anstiegs im Vordergrund.

…/ der aber meine Geschwindigkeit nicht minderte, \…
Das „*aber*“ repräsentiert den Erzähler, der im Erzählen die physikalische Realität bedenkt: ein Anstieg mindert die Geschwindigkeit; das wurde nicht erfahren. Zugleich drückt sich aus, dass die Erfahrung mit ihren physikalischen Verhältnissen realistisch war. Beide Appositionen, die örtliche Bestimmung und die Erläuterung von deren Einfluss, weisen die beschriebene Erfahrung als reale Erfahrung aus.

…/ hinaus \…
Das Adjektiv macht die Gerichtetheit der Bewegung deutlich: weg von der (umschließenden) Origo in Richtung auf ein Ziel, das seinerseits die Origo (vgl. Bühler 1924/1982: 102-120) umschließt. Dies kann, wie oben bereits erwogen, das die Erde umgebende Weltall sein, vielleicht vorgestellt als Äther, eine Form von Luft oder was auch immer für ein Stoff, der aber als Stoff, durch den ein Tunnel führt in jedem Fall ungewöhnlich wäre.

…/ ins \…
Der Stoff ist sächlichen Geschlechts und wird mit dem bestimmten

Artikel als bekannt unterstellt oder im Folgenden noch näher spezifiziert (ein Kandidat für einen anaphorischen Verweis liegt nicht vor).

.../ Nichts \...
Nun kann es einerseits ‚das *Nichts*' ontisch nicht geben, da „[d]as ‚Nichts' [...] die kategoriale Negation von ‚Gegenstand' [wäre], [...] also die Negierbarkeit von ‚Gegenstand' voraus[setzt]. ‚Gegenstand' läßt sich aber nicht negieren, ist also kein Prädikat, sondern nur ein Abstraktor." (Oevermann 2008: 6; vgl. 2001: 303 f.)[45] Zugleich aber ist hier die Rede von dem „*Nichts*" offensichtlich genau dies: die Negation von jedem Gegenstand, was aber selbst gegenständlich, ja stofflich vorgestellt wird (da ja ein Tunnel hindurch, zumindest hineinführt). Der Übergang in das Nicht-(mehr)-Sein wird also nach dem Modell des (an die Gegenständlichkeit gebundenen) Seins erfahren: als dessen absolutes Gegenteil, als seine Negation, die aber als Negation noch an dem Postivum teilhat.

Exkurs über die Gültigkeit von Erzählung und Erinnerung – Hier tritt nun die Schwierigkeit deutlich hervor, die sich bei jeder Rekonstruktion von Erfahrung stellt: Wie lässt sich die Erfahrung als eigenständige bestimmen, wenn sie doch nur in der sprachlichen Gestalt gegeben ist, die ja, statt die Erfahrung zum Ausdruck zu bringen, diese ihrerseits erst überhaupt formen könnte?

(1) Wir haben es einerseits mit dem Problem aller rekonstruktiven, interpretativen Forschung zu tun: der Frage nach der Gültigkeit, mit der eine Praxis in der Objektivation, die sie hervorgebracht hat, zum Ausdruck kommt.
(2) Zum anderen haben wir es hier aber mit einer gestalteten, edierten Objektivation zu tun. Die Frage, was in dieser Objektivation gültig zum Ausdruck kommt: die Erfahrung des Sterbenden oder die Erinnerung an die Erfahrung oder die Vorstellung des Erzählers,[46] drängt sich auf.

45 Vgl.: „*Sein* ist offenbar kein reales Prädikat, d. i. ein Begriff von irgend etwas, was zu dem Begriffe eines Dinges hinzukommen könne. Es ist bloß die Position eines Dinges, oder gewisser Bestimmungen an sich selbst. Im logischen Gebrauche ist es lediglich die Kopula eines Urteils." (Kant 1781/o.J.: 655/A 599)

46 Auch wenn Erfahrender und Erzähler dieselbe Person sind (dass es sich bei Erfahrendem und sich Erinnerndem so verhält, liegt auf der Hand:

(3) Schließlich stellt sich auch noch die Frage, ob die sprachliche Objektivation dem Ausdruck von Erfahrung grundsätzlich angemessen sein kann.

ad 1: Das erste Problem ist mehrfach behandelt worden und darf als hinreichend geklärt betrachtet werden. Die Gültigkeit einer Objektivation kann nur mit Hilfe einer anderen Objektivation kritisiert werden; Praxis ist ohne Objektivation methodisch nicht zugänglich und kann deshalb auch nicht unmittelbar der Maßstab der Kritik der Gültigkeit einer ihrer Objektivationen sein. Es handelt sich also hier insofern um ein Scheinproblem, als seine Präsupposition: es könne einen methodisch relevanten unmittelbaren Zugang zur Praxis geben, nicht zutrifft. Wann immer wir menschliches Handeln analysieren, bedürfen wir einer Objektivation dieses Handelns, die es der Flüchtigkeit[47] enthebt. Zweifel daran, dass die Praxis in der jeweiligen Objektivation gültig zum Ausdruck kommt, lassen sich also nicht in unmittelbarem Rekurs auf die Praxis, sondern nur in Rekurs auf sie mittels einer anderen Objektivation überprüfen, ja überhaupt in methodisch relevanter Weise erheben.
ad 2: (a) Der Erzähler nimmt hier dadurch, dass er in der ersten Person Singular erzählt, in Anspruch, dass die Erfahrung, von der er erzählt, seine eigene ist. Es gibt keinen Grund, diesen Anspruch zu bezweifeln. Wir gehen also davon aus, dass er für die Erzählung auf seine Erinnerung rekurriert und diese gültig zum Ausdruck bringt. Wollten wir dies bezweifeln, müssten wir eine andere Objektivation seiner Erinnerung haben (s. ad 1), was nicht der Fall ist. – (b) Weiterhin müssen wir davon ausgehen, dass in der Erinnerung die erinnerte Erfahrung gültig aufgehoben ist, denn auch dies könnten wir auf methodisch relevante Weise nur bezweifeln, wenn wir die Objektivation einer anderen Erinnerung hätten. Dies könnte für die erinnerte innere

„Erinnerung ist primär nur an Eigenerlebtes geknüpft. Nur meine eigene Vergangenheit kann ich erinnern.“ – Hamburger 1951/1987: 82), so ist doch ihre Position in der Erzeugung der Objektivation analytisch zu unterscheiden.

47 Jede Handlung ist einerseits als Vollzug flüchtig, so wie jedes in der Zeit ablaufende Ereignis flüchtig ist; andererseits ist Handeln darüber hinaus flüchtig, weil es eine je spezifische Geschichte hat und somit in systematischem Sinne ein unwiederholbares Besonderes ist (vgl. Loer 2010: 321).

Erfahrung, von der er erzählt, nur eine andere Objektivation seiner Erinnerung sein;[48] für die erinnerten äußeren Geschehnisse könnten dies auch deren direkte oder über die Erinnerung anderen Beteiligter vermittelten Objektivationen sein.[49] Beides haben wir nicht vorliegen. Insofern müssen wir neben der Gültigkeit der Objektivation im Sinne der Zurückweisung des ersten Einwandes auch von der Gültigkeit des Ausdrucks der Erinnerung in der Erzählung (a) und von der Gültigkeit der Erinnerung (b) ausgehen. Selbst wenn nun also die erinnerte Erfahrung durch die Erzählung überhaupt erst hervorgebracht würde, gäbe es keine Möglichkeit, dies festzustellen – es sei denn, durch den Hinweis auf eine Unstimmigkeit, den der Erzähler auf der Basis eines Stimmigkeitsurteils selbst gäbe, oder durch den Ausdruck einer Unstimmigkeit im Text, der dem Erzähler unterlaufen wäre. Haben wir einen solchen Hinweis nicht entdeckt, ist der skeptizistische Zweifel an der Gültigkeit von Erzählung und Erinnerung methodisch irrelevant.

ad 3: Diese Frage hat John R. Searle mit seinem „principle of expressibility“ {37} beantwortet: „Whatever can be meant can be said“ (Searle 1969/1995: 19 {38}). Da die Rede von einer Erfahrung, die *grundsätzlich* nicht intentional verfügbar ist, sinnlos ist, ist, was Searle über das „Gemeinte“ ausführt, auch für die Erfahrung gültig. In seiner Argumentation (a. a. O.: 19 ff.) zeigt Searle: „even in cases where it is in fact impossible to say exactly what I mean it is in principle possible to come to be able to say exactly what I mean. I can in principle if not in fact increase my knowledge of the language, or more radically, if the existing language or existing languages are not adequate to the task, if they simply lack the resources for saying what I mean, I can in principle at least enrich the language by introducing new terms or other devices into it. Any language provides us with a finite set of words and syntactical forms for saying what we mean, but where there is in a given language or in any language an upper bound on the expressible, where there are thoughts that cannot be expressed

48 Dies macht man sich etwa bei Verhören zunutze, indem man die gleichen Fragen wiederholt, so dass Unstimmigkeiten aufgedeckt werden können.

49 Etwa, wenn wir eine unabhängige Zeitangabe über die Dauer bis zum Eintreffen der Sanitäter, die vom Erfahrenden als lang empfunden wurde (s. o., S. 41), hätten.

in a given language or in any language, it is a contingent fact and not a necessary thruth.“ (a. a. O.: 19 f. {39})[50] – *Ende des Exkurses*

Handelt es sich aber bei der Widersprüchlichkeit, die wir nun schon mehrfach feststellen mussten und die hier bei dem gegenständlichen, ja sogar stofflichen Verständnis des „*Nichts*“ einen Höhepunkt erreicht, nun nicht um einen Hinweis auf Unstimmigkeit? Es liegt hier die Deutungsalternative vor, entweder (A) von einer widersprüchlichen Darstellung einer widerspruchsfreien Erfahrung oder (B) von einer gültigen Darstellung einer widersprüchlichen Erfahrung auszugehen.

Im ersten Fall (A) müssten wir zwei Annahmen machen: (a) dass die Erfahrung des Sterbens in sich widerspruchsfrei ist und (b) dass die vorliegende Darstellung fehlerhaft ist. Die Annahme (b) würde entweder (i) die Form annehmen, dass es dem Erzähler an sprachlicher Kompetenz mangelt, oder (ii) dass die Erfahrung des Sterbens überhaupt nicht angemessen dargestellt werden kann.

Im zweiten Fall (B) müssten wir zulassen, dass die Erfahrung des Sterbens in sich widersprüchlich ist.

ad A: Für die Annahme (a) gibt es innerhalb des vorliegenden Materials oder auch außerhalb keine Anlässe oder gar Gründe. Für die Annahme (b ii) scheint es in der Literatur Hinweise zu geben, wenn immer wieder von der Unaussprechlichkeit (vgl. u., S. 108 f.) gesprochen wird; die Argumentation zum ‚principle of expressibility‘ (s. o., S. 55) zeigt aber die Unhaltbarkeit dieser Annahme. Für die Annahme (b i) schließlich gibt es ebenfalls keinen sich aus dem Text ergebenden Anlass. Somit würde die Deutungsalternative (A) der Sparsamkeitsregel: möglichst keine Annahmen heranzuziehen, für die es im zu

50 Vgl. die scheinbar gegenteilige Behauptung des Sprachrelativismus: „Auf die Bitte, Formen zu erfinden, die nicht bereits in den Strukturen seiner Sprache vorgeformt sind, würde ein Redner ebenso negativ reagieren wie auf die Bitte, Spiegeleier ohne Eier zu machen!“ (Whorf 1942/1982: 57) – Im Prinzip ist Whorfs Vergleich hier selbst ein Beleg dafür, die Grenzen der Sprache zu überschreiten; die Bedingung, dass die Formen „bereits in den Strukturen seiner Sprache vorgeformt sind“, besagt über die Begrenzung der Ausdrückbarkeit nichts aus, da die Strukturen der Sprache rekursiv sind und somit unendliche Formen zu generieren erlauben.

analysierenden Material keinen konkreten Anhaltspunkt gibt, zum Opfer fallen.

ad B: Da die Erfahrung des Sterbens Gegenstand der vorliegenden Untersuchung ist, wäre es unsparsam, diese mit dem Text kompatible Deutung auszuschließen – zumal die Widersprüchlichkeit ja sehr prägnant zum Ausdruck kommt.

.../ des Weltalls. \...

Nun wird dem „*Nichts*" durch Hinzufügung eines Genitivattributs eine Bestimmung gegeben, die den Widerspruch keineswegs aufhebt, sondern ihn in gewisser Weise noch potenziert. Bezüglich der Extension des Begriffs „*Nichts*" wird nämlich nun durch das Attribut gar unterstellt, es gebe mehrerere ‚Nichtse', von denen hier das „*des Weltalls*" definit gemeint ist (vgl. Eisenberg 2001: 242 f.). Im Hinblick auf die Intension kann es sich nur um einen Genitivus possessoris handeln, der das „*Weltall*" als Besitzer des in Rede stehenden „*Nichts*" auszeichnet (vgl. a. a. O.: 244). Was kommt in dieser Absurdität, die in der expliziten Analyse deutlich wird,[51] zum Ausdruck? Offensichtlich wird hier einer Erfahrung Ausdruck gegeben, die das Verschwinden der ganzen gegenständlichen Welt, ja, von Gegenständlichkeit überhaupt, und zugleich eine – an Gegenständlichkeit gebundene – Bewegung in hoher Geschwindigkeit beinhaltet. Es ist klar, dass diese Erfahrung nur eine innere sein kann, die sich objektiv tatsächlich von der gegenständlichen Welt gelöst hat, deren äußere Erfahrung zugleich für die Bestimmung der inneren herangezogen werden muss. Die Welt hat sich vollständig ins Subjekt verlagert, das seine Erfahrung, um sie bestimmbar zu machen, in die Welt projiziert. Von einer Projektion kann aber das Subjekt selbst nicht sprechen, es kann sie nicht als Projektion erfahren, da Subjekt und Objekt verschmelzen, die äußeren Sinne ein Objekt als vom Subjekt unterschiedenes nicht mehr aufnehmen. Das ‚Weltall' ist dabei zugleich das alle Gegenstände überhaupt Umfassende wie das der Erfahrung Abstrakteste; darin,

51 Im praktischen Verstehen würde hier das Principle of Charity (erste Erwähnung: Wilson 1959: 532 {40}) greifen, das uns ein Gemeintes: etwa die Leere des als ‚Weltall' bezeichneten Raums, ‚verstehen' ließe (für weitere Bezüge s. Davidson 1984/2001: xviii ff.). Für praktisches Verstehen gilt: „Charity is forced on us; whether we like it or not, if we want to understand others, we must count them right in most matters." (Davidson 1974/2001: 197 {41})

dass es zur Bestimmung des „*Nichts*" herangeführt wird, drückt sich zugleich ein Sich-Klammern an die Gegenständlichkeit wie die Erfahrung von deren Verflüchtigung aus.[52]

…/ *Mit der Gelassenheit* \…

In der „*Gelassenheit*" hatte sich die Beruhigung und der Rückzug des Erfahrenden aus der Welt, die er (hinter sich) gelassen hat, gezeigt (s. o., S. 50). Diese Beruhigung könnte es nun dem Erfahrenden erlauben, sich ganz der angenehmen Seite seiner Erfahrung, etwa dem entspannten Sinken, hinzugeben.

…/ *machte sich ein Gefühl von* \…

Da „*Gelassenheit*" einen Gemütszustand beschreibt, ist nun zu vermuten, dass es sich bei dem mit ihr einhergehenden Gefühl um ein körperliches – etwa Wärme – handelt, denn als Gemütszustand ist Gelassenheit so umfassend, dass kaum ein mit ihr einhergehendes Gefühl auf gleicher Ebene denkbar ist. (‚Mit der Gelassenheit machte sich ein Gefühl von Entspannung bemerkbar' etwa wäre, wenn nicht körperliche Entspannung gemeint wäre, nahe an einer Tautologie.)

…/ *Überraschung,* \…

Gelassenheit und Überraschung liegen nun allerdings auf derselben Ebene, wobei sie eher gegensätzlich sind: Überraschung, als ein punktuelles, auf einen Anlass bezogenes Gefühl, das auf der Grundlage von Gelassenheit auftreten könnte, würde diese dann aber ablösen, da es ja „die „wirkung eines unerwarteten" (Grimm/Grimm 1936/1984: Sp. 458) ist. Überraschung würde also nicht *mit* der Gelassenheit auftreten. Wenn dies, wie hier, gleichwohl der Fall ist, müssen wir

52 Vgl.: „Verglichen mit dem Urzustand ist es auf jeden Fall fremd. Das ist so zu verstehen, daß das Universum sinnlich mit jedem seiner Partikel bekannt, aber begrifflich vollkommen unbekannt ist. Die Kraft gibt meiner Bewegung eine Richtung. Sie hat mich aus dem bekannten Kosmos der Unendlichkeit hinausbefördert. Das Hinüberwechseln, das Hinausbefördern, die Bewegung, die Veränderung des Raums geschieht zum ersten Mal, zum ersten Mal sehe ich, daß die Bewegung eine bestimmte Richung hat. Trotzdem hat vieles Namen. Nicht alles. Mit der Erfahrung eines an begrifflichem Denken reichen Lebens blicke ich auf das zurück, woran ich mangels Begriffen nicht denken kann, denn es geschieht ja zum ersten Mal." (Nádas 2002: 211)

„*Gelassenheit*“ als eine Grundstimmung verstehen, die auf eine Weise selbst die auftretende „*Überraschung*“ noch so rahmt, dass diese nicht als erregend, weder als erfreulich noch als bedrohlich, erfahren wird. Damit bekommt die „*Gelassenheit*“ etwas von einer „Kerzenflamme, die nicht im Durchzug steht und nicht flackert“.[53]

.../ breit, \...

Dass sich „*ein Gefühl von Überraschung breit*macht“, ist wiederum eine widersprüchliche Beschreibung, da eben Überraschung ein punktuelles Gefühl als „wirkung eines unerwarteten“ (s. o.) ist. Offensichtlich handelt es sich eher um Verwunderung, „die wirkung des neuen“ (ebd.). Was kommt nun aber in dieser Verschmelzung der Bedeutung von ‚Überraschung‘ mit der von ‚Verwunderung‘ zum Ausdruck? Das Zeitempfinden, das ein Kriterium der Unterscheidung beider ist, scheint aufgehoben zu sein. Die punktuelle Überraschung, die ja plötzlich eintritt (s. o., S. 47), wird als ausgedehnt erfahren. Die Formulierung Bohrers zur Anschauungskategorie der Plötzlichkeit verwendend können wir einerseits sagen, dass hier der ‚Umschlag des Seienden in das Nicht-mehr-Seiende, das sich nicht allmählich in der Zeit einstellt‘ (vgl. Bohrer 1973: 44), zum Ausdruck kommt und andererseits dieses Nicht-mehr-Seiende als dauerhaft erfahren wird: als dauerhafte Abwesenheit von Gegenständlichkeit überhaupt.

Wodurch könnte nun die Überraschung, die sich mit der Gelassenheit einstellt, ausgelöst worden sein? Der Erfahrende könnte überrascht darüber sein, dass ihn die Erfahrung – etwa die, des Hinausgeschleudertwerdens „*ins Nichts*“ – nicht ängstigt. Es muss jedenfalls

53 So wird in der hinduistischen Bhagavad-gita der Yogin im Nirvana beschrieben (Bowker 199: 727). – Bei Peter Nádas gibt es in der Beschreibung seiner Sterbenserfahrung drei Stellen, an denen diese Form der Überraschung schön deutlich wird: „Das Medium, in dem ich mein vergangenes Leben überblickte, befand sich samt seinem zeitlichen Gefüge im unübersehbaren All der Zeitlosigkeit. Wohin ich, *sieh an*, nun heimgefunden hatte.“ (2002: 127; Kursiv. hinzugefügt) Und: „Was ich abermals mit jener Überraschung zur Kenntnis nahm, die nur auf der Hand liegende Dinge auslösen können. Ich nahm etwas zur Kenntnis, was ich schon vorher gewußt hatte.“ (a. a. O.: 129/131) Schließlich: „Schweben im All. [...] Vorzeiten war mir das bekannt, dennoch habe ich es mir zu Lebzeiten anders vorgestellt. *Aha*. Die Kraft wirkt außerhalb von mir und in mir [...].“ (a. a. O.: 203; Kursiv. hinzugefügt)

eine Erwartung enttäuscht worden sein. Eine Erwartung gegenüber dem „*Nichts*" dürfte er aber nicht gehabt haben, sondern allenfalls eine Erwartung gegenüber sich selbst angesichts der Erfahrung des „*Nichts*".

.../ Überraschung darüber, dass es da gar nichts gab, \...
Entweder ist das „*gar nichts*" hier kataphorisch und wird durch einen Relativsatz spezifiziert werden oder das „*da*" bezieht sich nicht auf das „*Nichts*", sondern wird seinerseits mit einem Relativsatz spezifiziert – denn die enttäuschte Erwartung kann nicht sein, dass es im „*Nichts*" nicht „*gar nichts*" gibt. Man kann auch nicht unterstellen, die Erwartung wäre gewesen, im „*Nichts*" gäbe es zwar „*nichts*", aber doch nicht „*gar nichts*", denn „*nichts*" ist umfangslogisch von „*gar nichts*" nicht zu unterscheiden; die Partikel „*gar*" betont lediglich den Fokus der Negation. Hier bewirkt sie also eine Verstärkung der Überraschung.

Mit Eisenberg (2001: 210-213) lässt sich der Bezugsbereich und der Verweisbereich von lokalen Deiktika unterscheiden. ‚Hier' zeichnet den Bezugsbereich der Origo aus, ‚da' und ‚dort' den Verweisbereich.[54] Bei ‚da' befindet sich nun der Verweisbereich innerhalb des Bezugsbereichs, bei ‚dort' außerhalb.[55]

.../ die Welt nicht, \...
Nun wird weder „*gar nichts*" durch einen Relativsatz spezifiziert noch „*da*" einem anderen lokalen Referenten zugewiesen als dem „*Nichts*". Wenn also „*da*" auf das „*Nichts*" verweist, stellt sich die Frage, was der Bezugsbereich des Erzählers, was sein ‚hier' ist.[56] Wenn

54 Wenn Bezugsbereich und Verweisbereich zusammenfallen – wie etwa in dem Beispiel „Hier zieht's." (a. a. O.: 211) – oder nicht differenziert werden – wie etwa in dem Beispiel „Hier sitzt eine Maus auf dem Tisch." (ebd.) – kann auch ‚hier' den Verweisbereich bezeichnen.

55 Eisenberg verwendet das Beispiel „Da sitzt eine Maus auf dem Tisch." (a. a. O.: 212), bei dem der Tisch sich im Bezugsbereich (z. B.: ‚hier in der Küche') befinden muss. Ist von einem Tisch aus einem anderen Bezugsbereich die Rede, so muss es ‚dort' heißen (etwa: ‚ich komme gerade aus dem Keller, dort sitzt eine Maus auf dem Tisch').

56 Dass „*da*" hier als temporales Adverb zu verstehen ist, kann ausgeschlossen werden, da kein zeitlicher Referent angebbar ist, auf den es sich beziehen könnte.

wir nun berücksichtigen, dass der Satz ja – als Satz einer Erzählung – im Imperfekt steht, sehen wir, dass wir die Bestimmung von Eisenberg ergänzen müssen: In der Vergangenheitsform rückt ‚da' an die Stelle von ‚hier' und kann nicht nur den Verweisbereich, sondern zugleich den Bezugsbereich benennen. Damit bleibt das „*Nichts*" als Bezugs- und Verweisbereich übrig.[57] Da aber weiterhin gilt, dass die enttäuschte Erwartung nicht lauten kann: ‚Im Nichts gibt es etwas/nicht nichts.', fragt sich, welche Erwartung hier enttäuscht wurde. Das Unerwartete kann nur die Erfahrung des „*Nichts*" selbst sein, also dass dort, wo der Erzähler sich in seiner Fahrt hinbewegt hatte, nicht nur nichts Bestimmtes, sondern wirklich „*gar nichts*" ist. Dies ist nicht vorstellbar, da eine Vorstellung immer einen Gegenstand voraussetzt; wir können zwar versuchen, nach und nach seine Eigenschaften von ihm abzuziehen, er bleibt aber als Gegenstand stets mit vorgestellt, was wiederum dazu führt, dass wir ihn uns mit mindestens einer Eigenschaft vorstellen, da wir uns das Ding an sich eben nicht vorstellen, sondern nur abstrakt als Voraussetzung unserer Vorstellungen denken können.[58] Diese Nicht-Vorstellbarkeit des „*Nichts*" drückt sich hier in seiner Verräumlichung mittels der Referenz auf es durch das lokale Adverb „*da*" aus. In dem Zugleich von Überraschung und Benennung des „*Nichts*" wird deutlich, dass das Nicht-Vorstellbare: die Gegenstandslosigkeit, tatsächlich erfahren wurde.[59]

57 Aus Eisenbergs Beispiel „Hier zieht's." würde in einer Erzählung „Da zog's." – Dies noch weiter auszuarbeiten, würde hier zu weit führen; gleichwohl sei ein Hinweis gestattet: Wenn es in einer Erzählung heißt: „Wir kamen in ein großes Zimmer, da zog's.", so ist die Rahmung als Erzählung zu berücksichtigen, die das gesamte Erzählte in den Verweisbereich des Erzählers und seines Lesers rückt. Wenn nun in der Erzählung gleichwohl ein „hier" auftaucht – etwa: „Wir kamen in ein großes Zimmer, hier zog's." – so wird die Rahmung als Erzählung einerseits (durch das Imperfekt) anerkannt, andererseits (durch die Verwendung der lokalen Deixis ‚hier') negiert und damit aktualisiert, in den Bezugsbereich von Erzähler und Leser gerückt, womit dieser gewissermaßen ins erzählte Geschehen hineinrückt (vgl. Hamburger 1951/1987: 93).

58 Dies geht noch über Freuds Feststellung hinaus, dass dem Lebenden der eigene Tod nicht vorstellbar ist: „Der eigene Tod ist ja auch unvorstellbar, und so oft wir den Versuch dazu machen, können wir bemerken, daß wir eigentlich als Zuschauer weiter dabei bleiben." (1915/1981: 341).

59 Zugleich zeigt sich hier, dass das Nicht-Vorstellbare, so es erfahren

Wir können hier in einem ersten *Vorgriff (1)* vermuten, dass diese *tatsächliche Erfahrung der nicht vorstellbaren Gegenstandslosigkeit* zum Kern der Sterbenserfahrungen gehört, wenn sie ihn nicht ausmacht, und dass sie in den kulturspezifischen Deutungen in Berichten darüber[60] als universelles Deutungsproblem der Sterbenserfahrung sich erweist. Dass in Arbeiten dazu in der Regel nur die Kulturspezifität gesehen wird, liegt daran, dass über etwas gesprochen wird, das – obwohl in dieser Grenzsituation offensichtlich erfahrbar – nicht vorstellbar ist, weshalb es, um ihm sprachlich Ausdruck zu verleihen, mit Vorstellungen amalgamiert werden muss, die entsprechend kulturspezifisch sind.

Nun wird offensichtlich eine Aufzählung all dessen begonnen, was nicht „*da*" ist, wenn „*gar nichts*" „*da*" ist; das ist aber per se nicht möglich, da „*gar nichts*" umfangslogisch alles negiert. Es wird also hier innerhalb alles Gegenständlichen zwischen der „*Welt*" und anderen, im folgenden aufgezählten Entitäten unterschieden. Allerdings ist „*die Welt*" ihrerseits quasi allumfassend, so das fraglich ist, was innerhalb von allem ihr noch gegenübertreten könnte. Denkbar wäre etwa: „*die Welt*" und ihre Wahrnehmung; dann würde innerhalb von allem zwischen Objekt und Subjekt unterschieden. Das wirft wiederum das Problem auf, dass der Erfahrende selber „*da*" sein muss, sonst könnte er nicht erfahren; außerdem ist darin, dass „*die Welt*" nicht „*da*" ist, ja impliziert dass ihre Wahrnehmung ebenfalls nicht da ist. Es bleibt als – widersprüchlicher – Kandidat nur der Erfahrende selbst als Erfahrender: „*die Welt nicht,*" ich nicht.

…/ und nicht, \…
Dass nun mit der zusammenfassenden Konjunktion angeschlossen wird, obwohl ein Komma einen konjunktionslosen reihenden Anschluss andeutete, verweist darauf, dass hier eine gleichgeordnete Reihung von (mindestens) drei Elementen mit einer gleichgeordneten Reihung von (genau) zwei Elementen kontaminiert ist.

wird, gleichwohl – anders, als etwa Lyotard meint (1986/1987: 30), auf den sich Kellehear in diesem Zusammenhang bezieht (1996: 153) – dargestellt werden kann, auch wenn das Problem der Darstellung des Nichtidentischen hier auf die Spitze getrieben ist.

60 Zu diesen Berichten und ihren Deutungen s. u., S. 99 f.

.../ wie ich bis dahin angenommen hatte, \...

Der Erzähler hatte also angenommen, im „*Nichts*" gäbe es etwas; das macht nun die Referenz des lokalen Adverbs auf das „*Nichts*" neu fragwürdig. Es heißt ja auf jedenfall: „*da*", wo ich mich befand. Der zuletzt angegebene Ort war das „*Nichts des Weltalls*". Dieses ist aber, wie wir gesehen haben, ein unmöglicher Ort, der im Grunde nur die abstrakte Negation der Welt darstellt. So könnte sich das „*da*" auf den negierten Ort und die Überraschung auf die Erfahrung von deren Negation beziehen. Mit der Erfahrung des Hinausgeschleudert-Werdens „*ins Nichts des Weltalls*" erfährt der Erzähler zugleich die Negation aller bisher erfahrenen und vorgestellten Welt.

Die Unterscheidung zwischen der „*Welt*" und etwas anderem (‚X') wird zudem noch qualifiziert: dass es „*die Welt nicht*" gab, ist zwar auch überraschend, aber nicht wegen einer bis dato aufrechterhaltenen Annahme; vielmehr scheint, dass es „*die Welt*" gab, ungefragte Voraussetzung gewesen sein, im Prinzip nicht bezweifelbar; dass es ‚X' gab hingegen war offensichtlich eine (bloße, täuschungsanfällige) Annahme.

.../ andere Bewusstseine \...

Offensichtlich bezieht sich „*Welt*" nicht auf Gegenstände überhaupt, sondern auf Dinge überhaupt, denen „*Bewusstseine*" als kategorial andere Gegenstände beigeordnet werden. Die Annahme, dass es „*andere Bewusstseine*" gab, erweist sich nun explizit als falsch. Die soziale Mitwelt hat sich, was zwar überraschend, aber vorstellbar wäre, nicht nur in ihrer Dinglichkeit verflüchtigt, sondern erweist sich überhaupt, also auch in ihrem geistigen und sozialen Charakter als Täuschung. Was wir oben schon bezüglich der Dingwelt feststellten: dass sich dem Erzähler ihre (sinnliche) Erfahrbarkeit auflöst, gilt nun auch für die geistige und soziale Mitwelt.[61] Der Einsame scheint nun wirklich in der Einsamkeit anzukommen;[62] dass er von anderen

61 Konstitutionstheoretisch betrachtet, ist es nun nicht mehr verwunderlich, dass es die Welt der Gegenstände für den Erzähler nicht mehr gibt: „Wirklich ist für den Menschen erst einmal nur das, was in der Verbindung mit anderen verläßlich austauschbar ist und als wirklich gilt" (Tenbruck 1963/1996: 38); wenn es diese anderen nicht gibt, kann es auch wirkliche Gegenstände nicht geben.

62 „Das indische Vereinsamen der Seele in die Leerheit" (Hegel 1827/1970: 161), von dem Hegel bezüglich der Vorträge von Wilhelm von Hum-

Bewusstseinen spricht zeigt, dass er sich selbst nun als einziges Bewusstsein erfährt.

.../ – das musste eine Täuschung gewesen sein. \...
Der Erzähler präsentiert hier die Erkenntnis der „*Täuschung*" als Schlussfolgerung aus der Erfahrung und als Grundlage der Überraschung. Darin, dass das Schlussfolgern hier nicht formuliert, sondern durch einen Gedankenstrich lediglich angedeutet wird, kommt die Überraschung noch selbst zum Ausdruck. „*Welt*" als Welt der Dinge und zudem die subjektiven Gegenüber der Dinge: die „*Bewusstseine*", gibt es nicht für den Erfahrenden. Das ist vor dem Hintergrund einer gegenteiligen Annahme gerade noch erfahrbar. Woher aber kann die Annahme stammen und wo kann sie ihren Ort haben? Wer hat wen getäuscht? Es bleibt textlich bisher allein der Erfahrende selbst; er wird sich hier, im Moment, wo er die Schöpfung als Täuschung erfährt, gewissermaßen als Schöpfer erfahrbar, der er aber schon nicht mehr ist.

In einem nächsten *Vorgriff (2)* müssen wir hier vermuten, dass zum Kern der Sterbenserfahrung die *tatsächliche Erfahrung einer nicht vorstellbaren Einsamkeit* gehört. Damit allerdings würde das Konstitutivum von Sozialität überhaupt: Reziprozität, sinnlos. Mit Hegel gesprochen, würde, was im Leben unmöglich ist, der Sterbende aus der Sittlichkeit fallen. Die Sozialität wie Individualität konstituierende Reziprozität ist das letzte, das ein Individuum aufgeben kann; mit

boldt über die Bhagavad-Gíta (1828) spricht, beschreibt diese Erfahrung sehr gut; allerdings ist darin ja nicht die Erfahrung des tatsächlichen Sterbens gemeint, sondern die des Ersterben-Lassens der Weltbezüge in „den Übungen des Jogi" (a. a. O.: 160). Hegel setzt dies zu Recht dem „Mystizismus anderer Völker und Religionen" entgegen, der nämlich „in der äußerlich stillen Seele zugleich ein Ergehen derselben in sich und ein Entwickeln des reichen Gegenstandes, zu dem sie sich verhält, und ihrer Beziehungen auf denselben" darstellt (a. a. O.: 161). Dies genau: ein Gegenstand zu dem das Bewusstsein sich verhält, wird im tatsächlichen Sterben offensichtlich nicht erfahren. Deshalb erscheint die Sprache der Bhagavad-Gíta als gut geeignet, die Erfahrung des Sterbens zu erfassen, wohingegen das Festhalten an der Gegenständlichkeit den Beschreibungen im Rahmen anderer ‚Mystizismen' die Interpretation erschwert.

ihr gibt es sich selbst als Individuum auf. Sterben erweist sich hier also als genaue Gegenbewegung zu Sozialisation und Individuierung. Damit verliert der Sterbende „die absolut geistige Einheit" seines „Wesens", die die „Sittlichkeit [...] in der selbständigen Wirklichkeit der Individuen" ist (Hegel 1807/1970: 264).

.../ Auch mein Bewusstsein, \...

Folgerichtig thematisiert der Erzähler hier sein eigenes „*Bewusstsein*". Die ursprünglich mehrgliedrige Reihung enthält also die Welt, andere Bewusstseine und des Erzählers eigenes Bewusstsein. Da er aber als Erfahrender ja in der Erzählung als Erzähler auftaucht, kann das eigene Bewusstsein nicht, wie die Welt und die anderen Bewusstseine als nicht gegeben erfahren werden. Im Erfahren des „*Nichts*" , im Erfahren, „*dass es da gar nichts gab*", ist das erfahrende Bewusstsein als erfahrendes da, aber es wird zugleich bemerkbar, dass es auch zu dem, was „*es da gar nicht[..] gab*", gehört. Dieses Paradoxon ist kaum darzustellen: ein Bewusstsein, das erfährt, dass es nichts, auch es selbst nicht, gibt. ‚*Auch mein Bewusstsein* gab es nicht', kann es also kaum heißen.

.../ das spürte ich, \...

‚*Auch mein Bewusstsein, das spürte ich,* gab es nicht' – so kann die Fortsetzung auch nach der Apposition nicht lauten; wer hätte der Spürende sein können? Was sich hier als Ausdrucksmöglichkeit noch anbietet und vom bisher kumulierten inneren Kontext her passen würde, wäre eine Verzeitlichung: das Bewusstsein kann nicht erfahren, dass es es nicht gibt; es kann aber ‚spüren', dass es es nicht mehr geben wird. So wie man im Dunkeln die Lichter auf der Brücke eines sinkenden Schiffs[63] noch sehen kann und nur solange man sie sehen kann, so von ihnen sprechen kann.

.../ versank langsam, \...

Erneut haben wir es mit einem Paradoxon zu tun: Wenn es „*gar nichts*" gibt, gibt es auch nichts, in dem das Bewusstsein versinken kann. Es wird offensichtlich versucht, einer inneren Erfahrung durch das Bild einer Beobachtung Ausdruck zu geben (vgl. Freud, oben

63 So der deutsche Titel von Michael Ignatieffs Roman „Scar Tissue" (1993/1995 {42}), womit ein Bild für Demenz gefunden wurde.

S. 61, Fn. 58). Das Bild des gespürten Versinkens, sosehr es auch an die Metapher vom Schiffbruch erinnern mag, ist nicht gleichzusetzen mit der „Ruhe der Anschauung trotz der Bedrängnis der nackten Existenz" (Blumenberg 1979: 59), in der der „Zuschauer [...] sich in der *Reflexion* zum transzendentalen Zuschauer" übersteigt (ebd.; Kursiv. hinzugefügt, TL). Selbst in der Erzählung aus der „Distanz der Erinnerung" (ebd.) ist die *Erfahrung* gegenwärtig und der Versuch, sie zum Ausdruck zu bringen – und sei es paradox –, zeugt von ihrer Intensität.[64]

.../ würde gleich weg sein. \...

Dass das (eigene) „*Bewusstsein [...] gleich weg sein*" *würde*, bringt zum Ausdruck, dass es von dem Ort, an dem es sich befindet, verschwinden, ohne dass es sich woanders hinbewegen bzw. ohne dass es woanders hinbewegt werden würde. Da das Bewusstsein aber, wie die ‚anderen Bewusstseine' der Welt entgegengesetzt wurde, hat es einen Ort,[65] ein „*da*" nur im Sinne einer Präsenz, die nicht lokal verstanden werden kann. Wenn es von dort aus betrachtet „*gleich weg sein*" wird, so verliert es überhaupt seine Präsenz. Eine Erfahrung, die man zur Beschreibung dieses Zustandes und dieses ‚Spürens' heranziehen könnte, wäre vielleicht die des Einschlafens bei einer beginnenden Narkose. Dass der Erzähler dies trotz seines Bemühens um genaue Darstellung der Erfahrung nicht tut, lässt darauf schließen, dass die Erfahrungen sich unterscheiden und er eine Angleichung oder Verwechslung gerade vermeiden möchte. Der Unterschied, auf den es hier ankommt, liegt vermutlich in dem richtungslosen „*weg*", das – eben anders als Einschlafen – eine Unvorstellbarkeit repräsentiert.

Den oben (S. 61 f.) vorgenommenen Vorgriff, dass die tatsächliche Erfahrung der nicht vorstellbaren Gegenstandslosigkeit zum Kern der Sterbenserfahrungen gehört, und den Vorgriff (S. 64), dass die Sterbenserfahrung zentral durch die Auflösung von Sozialität als Reziprozität überhaupt geprägt wird, müssen wir durch einen dritten *Vor-*

64 Vgl. Mephistos Bemerkung in Paul Valérys „Mon Faust": „Ce qui n'est pas ineffable n'a aucune importance..." (Valéry 1946/2007: 102 {43}).

65 Ziehen wir hier die Etymologie von ‚Ort' heran (Grimm/Grimm 1889/1984: Sp. 1351 ff.), so ist Ort ursprünglich zu verstehen als Handlungs-, ja Entscheidungsort, noch ungeschieden zwischen seinem sozialräumlichen und physikalisch-räumlichen Sinn (vgl. Loer 2013: 29 f.).

griff (3) entscheidend erweitern: Es sind nicht lediglich die *Erfahrung der nicht vorstellbaren Gegenstandslosigkeit im Sinne der völligen Abwesenheit von allem* und die *Erfahrung der nicht vorstellbaren Einsamkeit im Sinn der völligen Abwesenheit von anderen*, sondern *darüber hinaus die Erfahrung des nicht vorstellbaren Selbst-nicht-mehr-da-Seins*,[66] die den universellen Kern: das Handlungs- und Deutungsproblem, darstellen. Hier gilt erst recht, was oben gesagt wurde: dass über etwas gesprochen wird, das – obwohl offensichtlich erfahrbar in dieser Grenzsituation, die sich zudem als Übergangssituation erweist, – unvorstellbar ist. Mit Alois Hahns Worten kann man sagen, dass hier die „imaginative Unzerstörbarkeit" des „Ich[s] der menschlichen Person" (1968: 6), aus der sich anthropologisch der Unsterblichkeitsglaube speist, durch konkrete Erfahrung widerlegt wird. Die Überraschung auszuhalten heißt, dieser endgültigen, unvordenklichen und unvorstellbaren Erfahrung sich stellen. Angesichts dieser Unvorstellbarkeit ist es unmöglich, vorab „eine sinnvolle Verhaltensfigur für den eigenen Tod aufzubauen" (a. a. O.: 27) und zugleich die Erfahrung vollgültig zuzulassen. Die kulturspezifischen Bilder des Weiterlebens, meist des Übergangs in ein anderes Leben, die sich in den meisten Berichten von „Nah-Tod-Erfahrungen" finden (s. u., S. 99 ff.), entschärfen diese Überraschung, identifizieren das in ihr sich zeigende Nichtidentische mit bekannten Deutungen.

Der Zusammenhang des Verschwindens des *„Bewusstsein[s]"* des Erzählers mit dem Verschwinden der *„andere[n] Bewusstseine"* lässt sich mit Meads Konzeption des Self als Relation von ‚I' und ‚Me' verstehen: Wenn die Äußerungen des ‚I' keine Antwort mehr erfahren, können sie für die Person nicht als seine eigenen erfahren werden; damit aber wird auch das ‚I', das noch auf die prekäre Situation des Verschwindens von dinglicher und sozialer Welt reagiert, ungreifbar: „The ‚I' as a response to this situation [...] is uncertain. And when the response takes place, then it appears in the field of experience largely as a memory image. [...] we are doing something but to look back and see what we are doing involves getting memory images. So the ‚I' really appears experientially as a part of a ‚me'." (Mead 1934/1983: 176 f.{44}) Da ein ‚Me' aber konstituiert ist durch die

66 Das ‚ewige Nimmerwiedersein', von dem Gottfried Keller spricht (1849/1958).

anderen: „the ‚me' is the organized set of attitudes of others which oneself assumes" (a. a. O.: 175 {45}), und da „*andere Bewusstseine*" nicht mehr bestätigen können, dass die „attitudes", die der Erzähler im erzählten Moment annimmt, mit sich identisch sind, verschwindet das ‚me' und mit ihm eben auch das ‚I'. Da die Wiedererkennbarkeit einer „attitude" ihre regelhafte Einnahme voraussetzt, ist hier Wittgensteins Privatsprachenargument anzuführen: „Darum ist ‚der Regel folgen' eine Praxis. Und der Regel zu folgen glauben ist nicht: der Regel folgen. Und darum kann man nicht der Regel ‚privatim' folgen, weil sonst der Regel zu folgen glauben dasselbe wäre, wie der Regel folgen." (Wittgenstein 1952/1982: 128; § 202) Wenn nun das verschwindende „*Bewusstsein*" wegen der verschwundenen „*andere[n] Bewusstseine*" auf sich privat zurückgeworfen ist, so kann es sich selbst als „set of attitudes" nicht mehr fassen.

Wichtig erscheint es mir, hier festzuhalten, dass nicht lediglich die logische Unmöglichkeit, sich selbst als nicht seiend zu denken, thematisch ist, auf die Kant bereits hinwies: „Der Gedanke: ich bin nicht, kann gar nicht existieren; denn bin ich nicht, so kann ich mir auch nicht bewußt werden, daß ich nicht bin. Ich kann wohl sagen, ich bin nicht gesund, u. d. g. Praedicata von mir selbst verneinend denken (wie es bei allen Verben geschieht); aber in der ersten Person sprechend das Subjekt selbst verneinen, wobei alsdann dieses sich selbst vernichtet, ist ein Widerspruch." (Kant 1800/1978: 465 f.; Sperrung i. Orig.) Vielmehr kommt, wie gesagt, mit der Überraschung und dem Aspekt des Transitorischen noch die *Erfahrung des nicht vorstellbaren Selbst-nicht-mehr-da-Seins* zum Ausdruck. Die Frage, ob gilt, was Kant an derselben Stelle behauptet: „Das Sterben kann kein Mensch an sich selbst erfahren (denn eine Erfahrung zu machen, dazu gehört Leben), sondern nur an andern wahrnehmen." (a. a. O.: 465), ist damit erneut aufgeworfen (s. o., S. 30). Im Übergang des Sterbens ist offensichtlich Leben im Sinne einer Lebenspraxis, die im Ausnahmefall der Revitalisierung von der Übergangserfahrung berichten kann, was bei vollzogenem Verschwinden nicht möglich wäre. Mit dem verschwindenden „*Bewusstsein*" würde eben auch die Möglichkeit des Berichts über seine Erfahrung verschwinden, so dass wir erneut sagen müssen, dass wir niemals werden wissen *können*, ob die Vollendung des Verschwindens seine Erfahrung verändert. Die folgende Frage von Schirndings *kann* man folglich nicht beantworten und man muss mit ihm festhalten, „daß im Zustand des klinischen

Todes eben immer noch ein Rest von Gehirnzellen übrig ist, der die geschilderten Visionen ermöglicht. Was aber, wenn auch der zerstört ist?“ (1979: 236)

.../ [67]*[*[...]*]** \...

Eckige Klammern markieren in der Regel Hinzufügungen eines Herausgebers oder sonstigen Textbearbeiters.[68] Wer könnte das hier sein? Von der Klammersetzung her müssten wir vermuten, dass derjenige, der die Erinnerung an die Sterbenserfahrung niederschreibt, nicht derselbe ist, wie der, der sie gemacht hat; da wir aber wissen, dass Erfahrender, Erinnernder und Autor dieselbe Person sind (s. o., S. 19), müssen wir darauf schließen, dass diese Person hier in verschiedenen Rollen handelt. – Da die eckigen Klammern hier nicht schlicht einer Konvention folgen, sondern mit einer Fußnote erläutert werden, wird diese hier zunächst herangezogen; sie gehört zum zu analysierenden Text und ist für die Klammerbemerkung als innerer Kontext zu betrachten.

.../ [69]*{* Nachträglich bei der Analyse hinzugefügt,* \...

Offensichtlich ist, wie die Analyse der Überschriften ja schon zeigte, die Erzählung der Todeserfahrung hier Teil eines argumentierenden Textes, einer Analyse, die derjenige, der die Erfahrung machte, selbst durchführte. Was dies für die pragmatische Rahmung des Textes, den wir hier analysieren, bedeutet, wurde oben (S. 22 f.) ausgeführt. Hier hat die Analyse offensichtlich eine Ergänzung erforderlich bzw. möglich gemacht. Die Frage ist, ob die Klammerbemerkung bereits analytischen Status hat oder ob sie eine Ergänzung der Erzählung darstellt.

67 Die kursiven eckigen Klammern gehören hier zum zu analysierenden Text; ebenso das Fußnotenzeichen (Sternchen) nach der schließenden Klammer; die nicht-kursiven eckigen Klammern und das Auslassungszeichen zeigen an, dass zunächst nur die Klammern ohne den eingeklammerten Text analysiert werden.

68 „Auch bei eigenen Zusätzen in zitierten Texten oder bei Ergänzungen in nicht lesbaren oder zerstörten Texten werden oft eckige Klammern verwendet.“ (Dudenredaktion 1996: 42)

69 Der Text innerhalb der – hier zur Kennzeichnung hinzugefügten – geschweiften Klammern stellt die erwähnte Fußnote zu dem Text in eckigen Klammern dar; s. Fn. 67.

…/ Worte erinnernd, \…

Hier spricht der Analysierende, der aber doch wohl eine Ergänzung der Erzählung aus einer nachträglichen Erinnerung vornahm. Die Analyse, die er offensichtlich durchführte, muss eine Erinnerung aufgerufen haben. Es stellt sich die Frage, warum diese Erinnerung nicht bereits bei der Formulierung der Erzählung auftauchte. Hier können wir möglicherweise an das anknüpfen, was wir soeben (s. o., S. 66 f.) die Erfahrung des nicht vorstellbaren Selbst-nicht-mehr-da-Seins nannten. Es ist vermutlich nicht lediglich die Tatsache, dass diese Erfahrung nicht vorstellbar ist, die ihre Darstellung so schwierig und von den Mustern abhängig macht, die eine Kultur für die Darstellung solcher Grenzerfahrungen bereithält. Vielmehr ist diese Erfahrung als aktuelle ja auch eine Krisenerfahrung par excellence, die dem Sterbenden nicht nur sein So-Sein, sondern eben sein Da-Sein, seine Existenz grundsätzlich fraglich werden lässt. Das Bedrohliche dieser Erfahrung zu vergessen, muss als Schutz vor dieser Bedrohung verstanden werden. Das Vergessen ist also als eine Abwehr zu verstehen.[70] Die Formulierungen, die eine Kultur für solche Grenzerfahrungen bereithält, fungieren immer auch als Beruhigung, entschärfen die Krise, da sie das „ineffable" aussagbar machen und ihm damit seine praktische Bedeutsamkeit: als Bedrohung, nehmen. Dass die Erinnerung in dem Moment zugänglich wird, in dem die Erfahrung in analytischer Distanz betrachtet wird, spricht für die Leistung der Methode;[71] zudem dürfen wir davon ausgehen, dass

70 In dem Abschnitt über das Vergessen in seiner „Psychopathologie des Alltagslebens" schreibt Sigmund Freud entsprechend: „In allen Fällen erwies sich das Vergessen als begründet durch ein Unlustmotiv." (1924/1955: 150)

71 Die Behauptung, dass eine Methode wie die objektive Hermeneutik dies zu leisten vermag, scheint die Erkenntnis Georges Devereux' auszublenden, dass die „wissenschaftliche Erforschung des Menschen […] Gegenübertragungswiderstände hervorbring[t], die sich als Methodologie tarnen" (1967/1984: 17). Die objektive Hermeneutik erweist sich aber auch in Devereux' Sinne als „taugliche verhaltenswissenschaftliche Methodologie", indem sie die Widerstände und weiteren Beeinflussungen und „Störungen" der Analyse durch die „aller Beobachtung inhärente Subjektivität" (a. a. O.: 18) angemessen berücksichtigt und durch Explikation auf der Basis der regelkonstituierten objektiven Bedeutungen der Objektivationen dieser Subjektivität methodisch zugänglich macht.

den erinnerten Worten eine besondere Brisanz und aber auch Prägnanz zukommt.

.../ die ich noch im Krankenhaus benutzte, als ich anderen die Erfahrung beschrieb.} \...

Der analysierende, den Text ergänzende Forscher erinnert hier also Worte, die unter dem nahen Eindruck der Erfahrung für deren Erzählung gegenüber Nahestehenden benutzt wurde. Neben der Nähe zur Erfahrung spricht vor allem das Aufgehoben-Sein in der Gemeinschaft dafür, dass das Bedrohliche der Erfahrung ausgesprochen werden konnte, ohne als Bedrohliches wiederholt zu werden. Beim Aufschreiben der Erzählung war dieser Schutz nicht gegeben.

.../ [72][Es war wie \...

Mit „*Es*" wird auf die Erfahrung des künftigen Verschwindens, auf das Spüren des Gleich-weg-Seins referiert, also auf die erfahrene Bedrohung der Ver*nicht*ung, die zuletzt im Modus der Überraschung erzählt wurde. Die erinnerte Formulierung setzt als Vergleich ein, womit deutlich ist, dass die direkte Benennung auch dort, in den erinnerten Worten, nicht gelang.

.../ ein Versinken \...

Vom Sinken war oben bereits die Rede; es erschließt sich nicht, warum dies nicht beim Niederschreiben schon so bezeichnet wurde. Das „*Versinken*" allerdings setzte wiederum noch verbleibende Gegenständlichkeit voraus.

.../ in sich selbst \...

Nun wird allerdings sprachlich zum Ausdruck gebracht, was vorstellungsmäßig nicht möglich ist. Zudem: Wenn nichts mehr „*da*" ist außer dem eigenen Bewusstsein, so ist das „*Versinken in sich selbst*" einerseits ein passiver Vorgang, andererseits aber ist allein der Sterbende selbst an diesem Vorgang beteiligt, da „*es da gar nichts gab*". Damit ist, wenn anders ein Vorgang überhaupt in Gang gesetzt werden muss, der Sterbende selbst zugleich Agens. Das wird hier einerseits sprachlich getilgt: grammatisches Subjekt ist „*Es*", und

72 Nunmehr analysieren wir den von der Fußnote als erinnert ausgewiesenen Text.

identifiziert wird es mit einem anonymen Vorgang: „ein Versinken"; zugleich aber wird durch das Reflexivum der Sterbende sprachlich als Agens repräsentiert, denn es kann nicht *„ein Versinken in sich selbst"* versinken. Möglicherweise ist es die erfahrene Aktivität: das Sterben als Handlung, die der Sterbende sich selbst zurechnen muss, die er zugleich sich selbst als Agens nicht zurechnen kann, da im Versinken in sich selbst auch das Selbst-nicht-mehr-da-Sein repräsentiert ist.

.../ und wie \...

Ein weiterer Vergleich wird angeführt, worin sich ausdrückt, dass der vorgenannte nicht zur Bestimmung hinreicht; das allerdings ist nicht verwunderlich, hat doch, wie wir sehen konnten, die Erfahrung eine Struktur, die sich der Vorstellung entzieht, so dass ihre sprachliche Bestimmung in erzählender Sprache immer nur ein je besonderer Ausdruck von etwas außerhalb diese Ausdrucks nicht Ausdrückbarem sein kann, sozusagen die Variation zu einem Thema, das außerhalb einer seiner Variationen nicht zum Ausdruck zu bringen ist.

*.../ das Selbstverlöschen einer Kerze.]** \...

Die Aktivität im passiven Prozess wird erneut und sehr prägnant in ein Bild gebracht: *„das* [..]*verlöschen einer Kerze"* ist ein für die Kerze passiver Vorgang, das (hier substantivierte) intransitive Verb ‚verlöschen' bringt, wie die meisten intransitiven Verben mit dem Präfix ‚ver-' zum Ausdruck, „daß etwas in einen bestimmten Zustand gelangt" (Drosdowski 1984: 422); ein Agens für diesen Prozess ist nicht impliziert. Wenn es nun aber heißt *„Selbstverlöschen"*, so wird das Verb indirekt zu einem transitiven, hier reflexiv verwendeten Verb[73] und damit die Kerze zum Agens des Verlöschens.[74] Wir haben die gleiche Struktur vorliegen: Der Sterbende ist als Sterbender einem Prozess unterworfen, den er zugleich als Handeln erfährt.

73 Dass ‚selbst' hier nicht die Funktion einer Fokuspartikel hat, die „das vom Fokus Bezeichnete auf Alternativen vom selben semantischen Typ" bezieht (Eisenberg 2001: 228 f.), sondern ein Reflexivum darstellt (vgl. a. a. O.: 173), wird deutlich, wenn man sich fragt, welches denn die Alternative zur Kerze sein könnte, die verlischt.

74 Anders als im Märchen vom Gevatter Tod, wo dieser das Lebenslicht seines unbotmäßigen Paten absichtlich „beim Umstecken versah [...], und das Stückchen fiel und verlosch." (Grimm/Grimm 1843/2012: 232)

Es wird deutlich, dass der Widerspruch, der zwischen dem zitierten Ausspruch Mephistos in Valérys Schauspiel (s. Fn. 64) und Searles „principle of expressibility“ (s. o., S. 55) zu bestehen scheint, keiner ist: Das Bedeutsame ist in der konkreten gegenwärtigen Erfahrung der Krise tatsächlich „ineffable“, wie Valéry formuliert, denn das Krisenhafte besteht gerade darin, dass keine Deutung, keine Kategorie für es zur Verfügung steht. Rekonstruktiv ist es aber gleichwohl ausdrückbar, da die Sprache eben, wie Searle ausführte, um Ausdruckselemente erweitert werden kann – und muss, wenn eine in actu unaussprechliche Erfahrung zum Ausdruck gebracht wird.

.../ Ich muss da auch \...

Die Unsicherheit der Erinnerung wird hier markiert (etwa: „*Ich muss da auch*“ Freude/Angst empfunden haben.); der Erzählende versucht sich die Erfahrung zu vergegenwärtigen.

.../ an meinen Vater, \...

Dass hier eine Person erwähnt wird, ist überraschend, war doch (vor der eingeschobenen zusätzlichen Erinnerung) gesagt worden, dass es keine Welt und keine Bewussteine gab. Es findet also in der Erfahrung wieder eine Gegenbewegung statt. Dafür ist aufschlussreich, dass der Vater genannt wird, der in der Sterbesituation erinnert[75] wird. Ohne hier die Komplexität dieses Begriffs auch nur annähernd zur Geltung bringen zu können, seien doch folgende drei Kernaspekte benannt: (1) die etymologische Bedeutung des Wortstammes „pa“: „nähren, hüten, schützen“ (Grimm/Grimm 1956/1991: Sp. 13); (2) der Vater als einer der Genitoren (a) im biologischen und (b) im sozialen Sinne; (3) der Vater als ausgezeichneter Repräsentant der dem Sohn/der Tocher vorangegangenen Generation.[76] In allen drei Hinsichten ist insbesondere vor dem Hintergrund des kumulierten inneren Kontextes die

75 Die Präposition „*an*“ schränkt im gegebenen Kontext die möglichen Verben stark ein; es kommen nur solche der kognitiven Vergegenwärtigung infrage: erinnert worden sein, gedacht haben und – schon weniger wahrscheinlich – geglaubt haben.

76 Zu (2) und (3) s. die aufschlussreiche Untersuchung zu Geschichte der paternité von Jacques Dupuis (1987). Dass paternité, wie Dupuis zeigt, eine zwar prähistorische, aber doch relativ späte Errungenschaft der Gattungsgeschichte ist, ist für unsere Analyse allerdings nur als Hintergrund interessant, da ja die historische Zeit den (biologischen) Vater als

kognitive Vergegenwärtigung des Vaters nicht verwunderlich: es wird die Erinnerung an die Erfahrung des Schutzes ebenso gesucht werden wie an die Herkunft, die im Vater personifiziert ist; schließlich ist auch die vorhergehende Generation, die beim eigenen Tod (zumindest im durchschnittlichen Alter) bereits gestorben ist und deren Sterben man in der Regel erfahren hat, ein erwartbar gesuchter Bezugspunkt der eigenen Sterbenserfahrung.

.../ an dessen Sterben gedacht haben, \...
Dass hier der dritte der erwähnten Kernaspekte genannt wird, bedeutet nicht, dass die übrigen keine Rolle spielen; vielmehr läge ja das Sterben des Vaters näher. Darin dass es erst als attributive Ergänzung auftritt, drückt seine Akzentuierung aus. – Es bleibt aber die paradoxe Struktur, dass der Sterbende, obwohl er bemerkte, „*dass es da gar nichts gab*", er an eine vergangene Erfahrung denkt; diese muss ihm im Modus der Täuschung erscheinen, die ja mit seinem Bewusstsein auch im Verschwinden begriffen ist.[77]

.../ gleichzeitig mich daran erinnernd und es – \...
Das temporale Adjektiv bringt wahrscheinlich die paradoxe Struktur explizit zum Ausdruck – ohne sie begrifflich zu explizieren.

.../ überraschender Weise – \...
Erneut ist der Erfahrende überrascht, was entweder – vor dem Hintergrund der bisher kumulierten, bereits eine Überraschung implizierenden Erfahrung – eine Kehrtwende bedeutet (‚es gibt da doch etwas') oder eine Wiederholung der Überraschung an einem spezifischen Beispiel, was dann Ausdruck der Intensität wäre. Es darf die zweite Lesart vermutet werden, da, was nun kommt, dem Erinnern entgegenstehen muss (die Erwähnung der Gleichzeitigkeit bei Charakterisierung des zweiten der nebengeordneten Gliedsätze als überraschend schließt eine Gleichordnung aus).

Genitor erkennt und anerkennt und zeitgenössisch die Erfahrung des Vaters als Vater unbefragt dominiert.

77 Die hier feststellbare Gegenbewegung des Denkens an einen Verstorbenen der Elterngeneration ist noch in mehrfacher Hinsicht interessant: In vielen Berichten über Sterbenserfahrungen wird das Auftreten von Verstorbenen, sehr häufig der Mutter, erwähnt (s. u., S. 110).

.../ als eine Täuschung erkennend. [Absatz]
Die hier zum Ausdruck gebrachte Erfahrung ist nun kaum als solche vorstellbar: sich (a) im Erkennen, „*dass da gar nichts ist*“, doch (b) an etwas erinnern (das Sterben des Vaters), das zugleich (c) als Täuschung erkannt wird – wobei (a) und (c) mit (d) Überraschtsein einhergehen. Die Überraschung (d) sowie die Erinnerung an etwas (b) drücken das Festhalten an gegenständlicher Erfahrung, an Gegenständlichkeit überhaupt – hier im speziellen an Reziprozität – aus, (a) und (c) hingegen die Erfahrung der Negation von Gegenständlichkeit überhaupt.

Dass nun ein Absatz folgt, deutet an, dass die erzählte Erfahrung an ein Ende gekommen ist. Die Konsequenz wäre ein Abbrechen der Erzählung, da ja das erfahrende Bewusstsein selbst spürte, dass es ‚gleich weg sein würde‘. Zugleich ist klar, dass das Sterben nicht zu seinem Ende gekommen sein kann, hätten wir sonst nicht die Erzählung (es sei denn, sie wäre fiktiv – s. o., Fn. 21).

Dann, im Versinken, tauchte eine Erinnerung auf, \...
Die zeitliche Sequenzierung bleibt erfahrbar; das „*Versinken*“ wird als zeitlich gedehntes Geschehen erfahren. Die Erinnerung, die nunmehr auftaucht, muss eine andere Qualität haben als die zuvor thematisierte Erinnerung an das Sterben des Vaters. Der Absatz kündigte dies an und die Formulierung macht deutlich, dass es sich um eine Gegenbewegung (Versinken – Auftauchen) handelt.

.../ aus tiefster \...
Erinnerungen tauchen aus tiefster Vergangenheit auf; möglicherweise ist es hier die früheste erinnerbare Erfahrung, die als Komplement zur Erfahrung des Lebensendes ins Bewusstsein drängt.

.../ Ferne, \...
Die Kombination von ‚tief‘ und ‚fern‘ verbindet die Verborgenheit mit der Distanz zur Origo. Diese Betonung der Distanz passt zu dem zuvor Ausgeführten, befindet sich doch das Bewusstsein an der Schwelle zum Verschwinden und damit in größter Distanz zu allem – zumal dieses ja bereits als ‚gar nicht da seiend‘ erfahren wurde.

.../ undeutlich, mit dem Begleitgefühl \...
Auch dass die auftauchende Erinnerung „*undeutlich*“ ist, liegt ange-

sichts der beschriebenen Erfahrung auf der Hand; ebenso, dass zunächst nicht sie, sondern ein sie begleitendes Gefühl benannt wird.

.../ „da war doch was...“, \...
Wie das Auftauchen die Gegenbewegung zum Versinken ist, ist das *„Begleitgefühl ‚da war doch was...‘“* das Gegenstück zur Erfahrung *„dass da gar nichts ist“*. Die vergangene Erfahrung liefert dem verschwindenden Bewusstsein einen Halt.

.../ unbenennbar, \...
Wenn die auftauchende Erinnerung dem erfahrenden Bewusstsein[78] *„unbenennbar“* war, worin die Entfernung zu allen Gegenständen, die Gegenstände ja nur als benannte sind, zum Ausdruck kommt, so stellt sich die Frage, wie es sie erfahren hat; naheliegend wäre – was auch zum Auftauchen passen würde – eine bildhafte Erfahrung.

.../ eine Erinnerung – \...
Der Erzähler versucht nun – und der Gedankenstrich bringt die Schwierigkeit des Versuch zum Ausdruck – die Erinnerung doch zu benennen.

.../ so rekonstruiere ich nachträglich – \...
Der Erzähler versucht die Erfahrung, die dem Erfahrenden *„unbenennbar“* war, mittels einer Rekonstruktion zu benennen; dass er die Rekonstruktion zusätzlich als *„nachträglich“* bezeichnet, macht deutlich, dass die spätere Erfahrung, die dem Erfahrenden im Moment der Erinnerung noch nicht zugänglich war, die Rekonstruktion möglich gemacht hat.

.../ an meine Familie, \...
Dass die – ja im physischen wie im sozialen Sinne – Nahestehenden nur als *„aus tiefster Ferne“* auftauchende *„Erinnerung“* erfahren werden, zeigt, dass die Erfahrung der Abwesenheit jeglicher Gegenständlichkeit und Sozialität überhaupt real war; dass die – ja im physischen wie im sozialen Sinne – Nahestehenden es sind, die als erstes wieder als *„da“* erfahren werden, macht deutlich, dass die Gegenbewegung zum

78 Die Frage, ob sie dem Erzähler benennbar ist, ist noch offen; wir dürfen die Benennung zumindest erwarten.

„*Versinken*": die Wiedererlangung von Sozialität und Gegenständlichkeit, entlang der objektiven Relevanz der Gegenstände erfolgt.

.../ Kinder und Frau, \...
Die Reihenfolge bestätigt das soeben Ausgeführte, sind die Kinder in der Familienlogik für die Eltern doch bedeutsamer als der Ehepartner, da sie das generationelle Fortleben sichern und untrennbar den Eltern verbunden sind.[79]

.../ und gleichzeitig \...
Möglich wäre nun wieder eine Einleitung der Gegenbewegung: des erneuten und verstärkten Versinkens. Dies wird allerdings von der Textgestalt her (angefangen beim Absatz) nicht nahegelegt, im Gegenteil: Man wird nun eher eine Gleichordnung, nicht eine Entgegensetzung erwarten.

.../ beginne ich hörend wahrzunehmen: \...
Das Einsetzen der Wahrnehmung – spiegelbildlich zum Aufhören – macht deutlich, dass die Sinne wieder als die gegenständliche Welt aufnehmend, zur Erfahrung bringend zu funktionieren beginnen; die Abschottung wird von innen nach außen rückgängig gemacht. Dies muss so intensiv gewesen sein, dass der Erzähler hier ins Präsens wechselt, damit das Geschehen vergegenwärtigend.[80] Es gibt eine Differenz zur vorangegangenen Erfahrung, die möglicherweise in ih-

79 Dies drückt sich auch darin aus, dass es zwar einen Widerpart zur Heirat: die Scheidung, gibt, aber keinen Widerpart zum Eintritt des Eltern-Kind-Verhältnisses; selbst im Falle der Adoption ist die Entlassung aus dem Eltern-Kind-Verhältnis lediglich die Folge des Eintreten des Kindes in ein anderes Eltern-Kind-Verhältnis, sie geht ihm nicht voraus. Enterbung, an die man hier denken könnte, betrifft nur eine rechtliche Implikation des Eltern-Kind-Verhältnisses, nicht dieses selbst. Anderslautende elterliche Drohungen – etwa die Äußerung der Königin der Nacht in der Zauberflöte gegenüber ihrer Tochter Pamina: „Fühlt nicht durch dich Sarastro Todesschmerzen, / so bist du meine Tochter nimmermehr." (Mozart/Schikaneder 1791/2004: 15285; Zweyter Aufzug, Achter Auftritt) – sind Ausdruck höchster Entfremdung, der sein unerträgliches Gewicht gerade aus der unmöglichen Überschreitung dieser Grenze erhält.

80 „Die Zeit enthält eine Beziehung des Ausgesagten auf die Gegenwart des Sprechenden." (Heyse 1838/1972: 302) Die Verbtempora stellen

rer direkten Erzählbarkeit gründet: die Erfahrung, die nun gemacht wird, ist vergleichbar und beschreibbar in verfügbaren Erfahrungsbildern.

.../ das Brummen verliert seine Monotonie, \...
Wenn das Brummen verschiedene Tonhöhen annimmt, beginnt eine akustische Differenzierung, die ein Grundlage für die Wahrnehmung einer akustischen Gestalt bilden könnte.

.../ oder \...
Allerdings ist auch diese Differenzierungserfahrung nicht eindeutig, lässt eine alternative Deutung zu.

.../ rückt als monotones in den Hintergrund, \...
Wenn das Brummen in den Hintergrund rückt, muss etwas anderes im Vordergrund hörbar sein; nicht das Brummen selbst also differenziert sich, sondern es tritt zurück und erlaubt so andere Hörerfahrungen – was auch eine Differenzierung darstellt. Der Unterschied besteht darin, dass hier tatsächlich etwas hinzutreten muss und nicht eine Differenzierung in ein möglicherweise objektiv weiterhin monotones Brummen hineingehört wird. Das markiert auch, dass das Brummen nicht aus der Entdifferenzierung der sinnlich wahrnehmbaren Laute (Stimmen, s. o.) hervorging, sondern eine andere Quelle hatte. Beides: die Differenzierung und das Hinzutreten der Laute, wird hier gleichwohl ununterschieden erfahren.

.../ und aus ihm lösen sich, \...
Die Differenzierung ist ein Gestaltwerdungsprozess, dem entdifferenzierenden Verschwinden der Welt auf's genaueste entgegengesetzt.[81] Damit kommt das Sterben als ein ambivalent als passiv sich vollziehender und aktiv gestalteter Prozess Erfahrenes im Gegenbild noch zum Ausdruck (vgl. die eingangs zitierte Bemerkung von Eberhard Jüngel, oben, S. 10).

„die Zeit der Handlung oder des Vorganges in Beziehung auf den gegenwärtigen Augenblick des redenden Subjects dar" (a. a. O.: 682).

81 Wenn man nun im Nachhinein zu dem Brummen sagen kann: „Ce bruit mystérieux sonne comme un départ" (Baudelaire 1861/1975: 57 {46}), so könnte man sagen, dass hier das Wiederauftauchen der Welt klingt wie ein Wiederbegrüßen.

.../ mehr und mehr \...
Dieses Auftauchen nun ist ebenfalls ein zeitlich gedehnter Prozess zunehmender Intensität – wie es komplementär zuvor das Versinken war, das man mit einem Neologismus als Prozess zunehmender Detensität bezeichnen könnte.

.../ sich differenzierend, \...
Die akustischen Gestalten, die vernehmbar werden, entfalten sich zugleich; ihr Hervortreten ermöglicht ihnen die Gestalthaftigkeit.

.../ zu unendlich langsamen Artikulationen \...
Für eine akustische, in sich gegliederte Gestalt, die hier nun erfahren wird, ist die Gestalthaftigkeit trotz unterschiedlicher Tempi erfahrbar, wenn auch eine konkrete Melodie etwa, die man im Allegro sofort erkennt, im Largo aktiv erarbeitet werden muss. Erfahren wird hier also die Tatsache des Gegliedertseins selbst, nicht unbedingt die konkrete Gliedergestalt.

.../ sich langsam verdichtend, stimmenähnliche Geräusche, \...
Die lautlichen Gliedergestalten werden immer deutlicher als solche und als besondere erfahrbar.

.../ aus denen ich \...
Der Erfahrende tritt in Wechselwirkung mit den akustischen Phänomenen, die sich zunächst von sich aus gestalteten und wird ihnen gegenüber aktiv.

.../ nach und nach, \...
Die Mühseligkeit des Prozesses, der weder auf Seiten der Phänomene noch auf Seiten des Wahrnehmenden eine Selbstverständlichkeit darstellt, wird durch die vielen Komma-Fügungen gestaltet und hier benannt.

.../ mühsam, entziffern kann, \...
Auch hier noch wird – neben der Benennung des mühsamen Charakters – die Schwierigkeit gestaltet, indem nicht, wie es das Verb erlaubt, das Entzifferte sondern eben die Tätigkeit des Entzifferns zunächst benannt wird.

.../ dass es sich um aneinandergereihte Worte handelt – \...
Das sinnlich Erfahrbare wie die Sinne, hier zunächst der auditive, machen die Entdifferenzierung rückgängig, der Erfahrende greift aktiv gestaltend in diesen passiven Prozess ein, der vom Nachlassen der Undifferenziertheit über die zunehmende Gestaltwerdung und Gliederung der sinnlichen Gestalt bis zueiner sinnhaften Gestalt fortschreitet – ohne noch dass diese in ihrer Konkretion zur Erfahrung käme.

.../ ohne diese zu verstehen. \...
Wie das Sterben selbst eine von den sinnlichen Qualitäten dominierte Erfahrung war, so ist dies auch das Wiedererlangen des Bewusstseins und über die von den Sinnen entfernteren kognitiven Fähigkeiten scheint der Erfahrende zunächst noch nicht zu verfügen.

.../ Um mich herum \...
Der Erfahrende erfährt sich wieder als verortet, als Zentrum einer Umgebung, die er sinnlich wahrnimmt.

.../ müssen Leute sein, die sprechen; \...
Der Sehsinn, der zu differenzierterer Objektwahrnehmung geeignete der beiden Fernsinne, steht offensichtlich noch nicht zur Verfügung. Gleichwohl wird, ausgehend von der akustischen Wahrnehmung, zu der aber eine Körperwahrnehmung (Verortung) hinzutreten muss, auf konkrete Gegenstände – in der Sprache des Erfahrenden: „*Leute*" – geschlossen; diese sind also wieder „*da*".

.../ Leute, von denen ich eben noch \...
Nun bezieht der Erfahrende seine aktuellen Wahrnehmungen und Schlüsse auf das zuvor, im Sterben Erfahrene. Allerdings ist dies sehr schwierig, müsste er doch, um „*von*" den Leuten etwas gedacht zu haben, unterstellt haben, dass es sie gibt, zumindest geben könnte. Seine Erfahrung war aber ja, „*dass es da gar nichts gab, die Welt nicht und nicht* [...] *andere Bewusstseine*". Die Schwierigkeit über die Erfahrung der Abwesenheit von Gegenständlichkeit überhaupt zu sprechen, drückt sich hier wieder aus.

.../ annehmen musste, \...
Offensichtlich gab es einen Zwang, etwas von den ‚Leuten' anzuneh-

men. Worin kann der bestanden haben? Wenn der Erfahrende feststellt, „*dass es da gar nichts*" gibt, kann er von jedwedem konkreten Gegenstand auch nur annehmen, dass es ihn nicht gibt; das allerdings ist auf die erwähnte Weise widersprüchlich. Der Erfahrende kann also die völlige Negation von Gegenständlichkeit überhaupt, die er erfahren hat, in der Erinnerung nicht aufrechterhalten. Er projiziert die Möglichkeit bestimmter Gegenstände, die er jetzt wahrnimmt („*Leute*"), zurück in die Gegenstandslosigkeit – um diese zu erinnern...

.../ dass es sich um eine Täuschung handelte, \...
Möglich ist auch, dass die Repräsentanz der Gegenstände in der Erfahrung der Negation von Gegenständlichkeit überhaupt: die Überraschung, „*dass es da gar nichts gab*", hier thematisch ist. Die Negation von Gegenständlichkeit überhaupt ist nur thematisierbar durch diese Repräsentanz – sei es eine dann als Täuschung entlarvte Erinnerung früherer Gegenstandserfahrung, sei es als Rückprojektion späterer Gegenstandserfahrung.

.../ als ich davon ausging, es gäbe sie. [Absatz]
Es liegt hier folgende zeitliche Abfolge vor:
t1: $\exists$ A $\in$ X {repräsentiert in der Überraschung zum Zeitpunkt t2}
t2: es gibt gar nichts ($\neg$X) $\Rightarrow$ $\neg$A $\Rightarrow$ „$\exists$ A $\in$ X" = Täuschung
t3: $\exists$ A {A wird nun rückprojiziert auf den Zeitpunkt t2 und identifiziert mit dem in t2 durch die Überraschung repräsentierten A aus t1}
Zum Zeitpunkt t1 ging der Erfahrende davon aus, dass es die Leute gibt; das erwies sich zum Zeitpunkt t2 als Täuschung, was zum Zeitpunkt t3, zu dem er die Leute wahrnimmt, erinnert wird. Dass der Erfahrende (zum Zeitpunkt t2) „*annehmen musste*", dass es sich um eine Täuschung handelte, als er (zum Zeitpunkt t1) „*davon ausging, es gäbe sie*", folgt aus der Erfahrung der Negation von Gegenständlichkeit überhaupt. In der Charakterisierung der Täuschungsannahme als unabdingbar drückt sich also diese Erfahrung aus.

Als ich die Augen öffne, \...
Nun kommt der zweite Fernsinn hinzu, der eine präzisere Orientierung erlaubt.

.../ sehe ich um mich herum die wildesten, die merkwürdigsten unbekannten Gestalten: \...

Es wiederholt sich die Erfahrung der akustischen Wahrnehmung in der visuellen: zwar sind Gestalten *qua* Gestalten erkennbar, aber nicht identifizierbar und nur negativ als wild und merkwürdig schilderbar.

.../ unidentifizierbare Gesichter \...

Selbst das individuierteste an menschlichen Gestalten: das Gesicht, ist lediglich *qua* Gesicht wahrnehmbar, nicht jedoch identifizierbar. Die Erfahrung der Negation von Gegenständlichkeit überhaupt hat also die Erinnerung an konkrete Wahrnehmungsgestalten, selbst Gesichter, hat deren Identifizierbarkeit nachhaltig erschüttert.

.../ mit bizarr abstehenden Haaren, die ich nicht fixieren kann, \...

Wiederum wird negativ das Ungewöhnliche der Wahrnehmung festgehalten und die Unmöglichkeit, dem durch aktive Wahrnehmungssteuerung (Fixieren) zu begegnen, benannt.

.../ die sich dem identifizierenden Blick entziehen. \...

Die Phänomene haben gegenüber der Wahrnehmung eine Widerständigkeit – wodurch sie als Phänomene, als Formen von Gegenständlichkeit überhaupt aber umso deutlicher werden: da ist nicht nichts, auch wenn, was da ist, ganz anders ist – ganz so ergeht es in Torquato Tassos „Gerusalemme liberata“ Tancredi als er neben der toten Clorinda sein Bewusstsein wiedererlangt: „ma pur dubbiosa ancor del suo ritorno, non s'assecura attonita la mente. Stupido intorno ei guarda, e i servi e 'l loco al fin conosce“ (1581/1992: 287; canto 12, 74 {47}).

.../ Ich bin in einer anderen Welt als in der, an die ich mich erinnerte.

Die Schlussfolgerung, die der Erfahrende hier zieht, macht deutlich, dass nach der Erfahrung der Negation von Sozialität und Gegenständlichkeit überhaupt die Sozialität und Gegenständlichkeit, die sich ihm hier präsentieren, zunächst nur negativ gegenüber den erinnerten – die als erinnerte jetzt aber akzeptiert werden – bestimmbar ist. Die Nüchternheit der Feststellung ist möglicherweise auf die Radikalität der zwischenzeitlichen Erfahrung der Negation von Gegenständlichkeit überhaupt zurückzuführen, der gegenüber die Erfahrung einer anderen Welt (aber eben immerhin: einer Welt) keine Erschütterung auszulösen vermag. Nochmals werden hier die Zeiten ineinandergeschoben: Die Welt, in der der Erzähler jetzt (t3) ist, ist eine andere als die (t1), an die er sich im Prozess des Sterbens (t2) erinnerte.

Die Darstellung der Analyse wird hier abgebrochen, da die weitere Erzählung (s. Anhang 1) keine neuen Aspekte bzgl. der Sterbehandlung ergab.

3 Zum Begriff des Sterbens

(1) Wir hatten in Vorgriffen in unserer Analyse (s. o., S. 61 f., 64, 66) drei aufeinander aufbauende, sukzessive sich erweiternde Formulierungen für den Kern dessen, was als Sterbenserfahrung gelten muss, gefunden. Die letzte Formulierung, in die die vorhergehenden mündeten, lautete: Es sind die *Erfahrung der nicht vorstellbaren Gegenstandslosigkeit im Sinne der völligen Abwesenheit von allem*, die *Erfahrung der nicht vorstellbaren Einsamkeit im Sinn der völligen Abwesenheit von anderen* und die *Erfahrung des nicht vorstellbaren Selbst-nicht-mehr-da-Seins*,[1] die den universellen Kern: das Handlungs- und Deutungsproblem, der Sterbenserfahrung darstellen.[2]

Nun wissen wir, dass Sterben generell ein für den Menschen besonderes Problem darstellt: „Unter den vielen Geschöpfen auf dieser Erde, die sterben, sind es allein die Menschen, für die Sterben ein Problem ist. Sie teilen Geburt, Jugend, Geschlechtsreife, Krankheit, Altern und Tod mit den Tieren. Aber sie allein unter allen Lebewesen wissen, daß sie sterben werden" (Elias 1982: 11).[3] Aber der durchgängige Aspekt der Nicht-Vorstellbarkeit ist offensichtlich zudem eine Besonderheit der *Sterbenserfahrung*, die so über den Aspekt des Wissens um den Tod hinausgeht.

1 In der wunderbaren Gelassenheit des auch für unseren Zusammenhang aufschlussreichen Romans „Slaughterhouse 5" {48} von Kurt Vonnegut wird dies für die Hauptfigur, Billy Pilgrim, so zusammengefasst: „So Billy experienced death for a while. It is simply violet light and a hum. There isn't anybody there. Not even Billy Pilgrim is there." (1969/1970: 97 {49})

2 Joshua Durban, der den „inneren Dialog über den Tod" untersuchte, stellte Ähnliches, allerdings stets mit dem Gefühl der Angst Begleitetes fest: „eine Angst vor [...] Desintegration, [...] Angst und Qual infolge des Verlustes von Gegenwart, Zukunft und Vergangenheit, Angst, keine Zeit und keinen Geist zu haben; den Verlust wichtiger menschlicher Beziehungen (Liebesverlust, Verlust der Bezogenheit); Angst, sämtliche (inneren und äußeren) Verbindungen zu verlieren; ein Gefühl der Bedeutungslosigkeit – ein Schlag für den Narzissmus und die Omnipotenz; die Angst, keine Identität zu besitzen; die Konsequenz aus all dem: Bedeutungsverlust, Verlust des Denkens, Verlust des Sinns." (2012: 112; Kursiv getilgt, TL)

3 Für eine gegenteilige Auffassung, die von einer „animal awareness of death" {50} ausgeht, s. Kellehear 2007: 11-15.

Die Sterbenserfahrung nicht nur, wie es unsere Formulierung tut, auf den Begriff zu bringen, sondern die Erfahrung selbst in concreto in Sprache zu fassen, wird in der Literatur (s. u., S. 99 f.) immer wieder als besondere Schwierigkeit und diese als besonderer Aspekt der Erfahrung betont. Wenn nicht die schöpferische Kraft der Sprache bemüht wird – wie es etwa Gottfried Keller in seinem Gedicht „Ich hab in kalten Wintertagen“ tut, der dieses Nicht-Vorstellbare als das ‚ewige Nimmerwiedersein‘ bezeichnet (1849/1958) –, wird das „ineffable“ (Valéry) an kulturell verfügbare Kategorien assimiliert, wo nicht ihnen subsumiert. Dass dies nicht zwingend nötig, sondern eben entsprechende sprachliche Neuschöpfungen möglich sind und damit die Erfahrung sich intentione directa in einer Ausdrucksgestalt objektivieren kann, in der sie der praktischen Reflexion wie der methodischen Analyse zugänglich wird, darauf haben wir oben mit dem Hinweis auf das „Principle of Expressibility“ bereits verwiesen (S. 55). Dass in der Regel jedoch die Erfahrung, um ihr sprachlich Ausdruck zu verleihen, mit Vorstellungen amalgamiert wird, die entsprechend kulturspezifisch sind, wird uns unten noch weiter beschäftigen. Auch diese indirekten Objektivationen der Sterbenserfahrung lassen sich allerdings als je spezifische Antworten auf den hier explizierten Kern der Erfahrung bestimmen und dieser lässt sich so aus ihnen rekonstruieren.[4]

Betrachten wir zunächst das erste Moment der Erfahrung noch einmal und ziehen dabei Péter Nádas Beschreibung seiner Sterbenserfahrung als eine authentische, durch den Betroffenen selbst gegebene heran: „Im Universum herrscht Zeitlosigkeit. Man könnte es Allerlebnis nennen. [...] Es wird nicht vollkommen dunkel. In der gleichmäßigen Dunkelheit herrscht eine seltsame, gewissermaßen abstrakte Dämmerung. Gegenstände und Konturen gibt es nicht mehr“ (2002: 127). Hier zeigt sich, dass die *Gegenstandslosigkeit im Sinne der völligen Abwesenheit von allem*, zwar von ihm ebenfalls gedacht, aber

4 Dass dies hier nur erst eine Behauptung darstellt, die auch in unserer späteren Beschäftigung mit „Nah-Tod-Erfahrungen“ aus der Literatur nur plausibilisiert werden kann und die in ausführlichen, methodisch angemessenen Sekundäranalysen der vorliegenden Berichte bzw. in auf eigenen Erhebungen beruhender weiterer Forschung überprüft werden müsste, liegt auf der Hand. Erstere sind aufgrund der unzureichenden Qualität der Daten (s. u., S. 101 f.) wenig vielversprechend; letztere durchzuführen war uns bisher nicht möglich.

zugleich in Deutungen präsentiert wird, die sie dadurch vorstellbar machen,[5] dass einerseits Momente der Gegenständlichkeit erhalten bleiben, andererseits Denkkategorien an ihre Stelle treten. Konsequent beschließt Nádas seinen Satz wie folgt: „der Gegenstand der Anschauung ist das Denken." (ebd.) Damit ist das Subjekt der Erfahrung sprachlich getilgt, die Erfahrung als solche nicht mehr fassbar. Im Bemühen um seine Fassbarkeit kommt das Unfassbare der Gegenstandlosigkeit hier gleichwohl noch zum Ausdruck.

Zum zweiten Moment der Sterbenserfahrung: der *Erfahrung einer nicht vorstellbaren Einsamkeit* hielten wir fest, dass damit das Konstitutivum von Sozialität überhaupt: Reziprozität, sinnlos würde. Was prima vista selbstverständlich erscheint: der Sterbende ist einsam, er hat keine Weggefährten auf der „Straße [...], / Die noch Keiner ging zurück" (Müller 1824/2002: 79413), ist doch als konkrete Erfahrung nicht vorstellbar. Nicht zufällig tauchen gerade in den romantischen Dichtungen, die einer grundlegenden Einsamkeit Ausdruck geben, immer wieder Kontrastfiguren – „die andren Wandrer" (ebd.) – auf. Wenn wir nun die Zeitlichkeit des Sterbens hinzunehmen, so können wir festhalten, dass dieses als Prozess der De-Sozialisation – und damit auch der De-Individuierung[6] – erfahren wird. Oben (S. 64) wiesen wir darauf hin, dass die Sozialität wie Individualität konstituierende

5 Nádas vermengt dabei leider Beschreibung und Reflexion, was auf Kosten der Präzision und Lebendigkeit der Erfahrungsschilderung geht und sie in abstrakte Deutungen verflüchtigt. Vollends aufgesetzt ist dann die Deutung der Tunnelerfahrung als Reinszenierung der Geburt am Ende des Buches (a. a. O.: 273-281), eingeleitet und dargestellt, als ob es eine Erkenntnis während dieser Erfahrung wäre („Aber es ist ja vollkommen klar." [273]; „Mir ging es wie einem, der dank eines anschaulichen Vergleichs den wirklichen Ort des Geschehens erkennt." [277]). Es handelt sich hier um eine lediglich behauptete Anschaulichkeit – zumal, so Becker (1982), „der Fötus während der Niederkunft im Geburtskanal die Augen geschlossen hat und sein Hirn neurologisch noch nicht so weit entwickelt sei, daß eine Erinnerung an dieses Erlebnis faktisch möglich sei." (Knoblauch/Schmied/Schnettler 1999: 25)

6 Es sei darauf verwiesen, dass hier nicht einfach im klinischen Sinne von Depersonalisierung gesprochen werden kann. Russell Noyes und Roy Kletti (1976 a, b) untersuchten die Gemeinsamkeit von Sterbenserfahrungen mit dem Phänomen der Depersonalisierung und stellen fest, dass es deutliche Unterschiede gibt (Noyes/Kletti 1976 a: 26) – Übrigens sprich Noyes hier (im Gegensatz zu früheren Veröffentlichungen, s. u., Fn. 10),

Reziprozität das letzte ist, das ein Individuum aufgeben kann, womit der Sterbende „die absolut geistige Einheit" seines „Wesens", die die „Sittlichkeit [...] in der selbständigen Wirklichkeit der Individuen" ist (Hegel 1807/1970: 264), aufgibt.

Damit ist das dritte Moment der Sterbenserfahrung: die *Erfahrung des nicht vorstellbaren Selbst-nicht-mehr-da-Seins*,[7] letztlich die Kehrseite des zweiten. Dies haben wir oben (S. 67 f.) auch mit Verweis auf die Relation von ‚I' und ‚Me', wie George Herbert Mead sie rekonstruierte, deutlich gemacht. Bei diesem dritten Moment ist die Unvorstellbarkeit des ‚ewigen Nimmerwiederseins' nun nochmals gesteigert. Sie gründet nicht in der logischen Unmöglichkeit, die Alois Hahn wie folgt formuliert: „Das Ich, das sich selbst als nicht mehr seiend vorstellt, muß eben doch als Subjekt dieser Vorstellung noch dasein." (1968: 5) und auf die wir oben (S. 68) bereits mit Kant hinwiesen: „Der Gedanke: ich bin nicht, kann gar nicht existieren; denn bin ich nicht, so kann ich mir auch nicht bewußt werden, daß ich nicht bin." (1800/1978: 465 f.; Sperrung i. Orig.) Auch, dass die körperliche Empfindung verschwände und im Bewusstsein nur noch Denken, nicht aber mehr Empfinden sei, wie Nádas formuliert: „Das von der körperlichen Empfindung gelöste Bewußtsein nimmt als seinen letzten Gegenstand den Mechanismus des Denkens wahr." (2002: 129), ist nicht der Quell der Unvorstellbarkeit. Vielmehr liegt sie darin begründet, dass die Regelhaftigkeit von Handeln strukturell Entscheidungsmöglichkeiten eröffnet und damit den Handelnden als Entscheidungsmitte, als Strukturort der Autonomie konstituiert. Handeln vollzieht sich somit stets als Verwirklichung von einstigen (im Sinne von einstmals gewesenen) Möglichkeiten zugleich mit dem Eröffnen von einstigen (im Sinne von einstmals sein werdenden) Möglichkeiten. Das ist imaginativ unabschließbar, da der Handelnde in seinem Handeln die einstigen Möglichkeiten hypothetisch bereits entwirft. Daraus resultiert die „imaginative Unzerstörbarkeit" des „Ich[s] der menschlichen Person" (Hahn 1968: 6) aus der sich anthropologisch der Unsterblichkeitsglaube speist.[8] Im Sterben wird

nach dem Erscheinen von Moodys erstem Buch, anders als noch 1972, auch von „near-death experiences" (Noyes/Kletti 1976 b: 108)

7 Heim bezeichnet dieses Moment als „ein absolutes subjectives Nichts" (1891: 336),

8 Das drückt sich noch in der scheinbar gelassenen Formulierung Norbert Elias' aus: „Der Tod ist nichts Schreckliches. Man fällt ins Träumen, und

aber genau diese „imaginative Unzerstörbarkeit" zugleich durch konkrete Erfahrung widerlegt. Dies wird in unserem Material unter anderem und vor allem durch die Überraschung repräsentiert. Es auszuhalten heißt, dieser endgültigen, unvordenklichen und unvorstellbaren Erfahrung sich stellen. Angesichts dieser Unvorstellbarkeit ist es unmöglich, vorab „eine sinnvolle Verhaltensfigur für den eigenen Tod aufzubauen" (a. a. O.: 27) und zugleich die Erfahrung vollgültig zuzulassen. Die kulturspezifischen Bilder des Weiterlebens, meist des Übergangs in ein anderes Leben, die sich in den meisten Berichten „Nah-Tod-Erfahrungen" finden (s. u.), entschärfen diese Überraschung, identifizieren das in ihr sich zeigende Nichtidentische mit bekannten Deutungen.[9] – Diese Alternative, die objektiv als Annehmen oder Ablehnen der Endgültigkeit bestimmt werden kann, auch wenn sie subjektiv nicht notwendig als solche erfahren wird, wie die Berichte über Jenseitsbegegnungen etc. zeigen, stellt die ultimative Krise dar, in der Sterben sich als letzte Entscheidung, als finales Handeln erweist.

die Welt verschwindet" (1982: 99) – als würde „man", also das Subjekt, dem „die Welt verschwindet", nicht ebenfalls verschwinden.

9 Inwiefern diese Grenzerfahrung bereits auf einer früheren Erfahrung: der frühen Trennungserfahrung, aufruht, mag hier dahingestellt bleiben; die Ähnlichkeit der Beschreibung dieser Erfahrung lässt einen systematischen Vergleich durchaus als sinnvoll erscheinen: „Wenn dann diese überaus verwundbaren, oft wie in einem ‚Treibhaus' (Tustin 1990/2008) gehaltenen Kinder mit der körperlichen Getrenntheit von der Mutter konfrontiert werden, geschieht das für sie auf eine Weise, die für sie einer lebensbedrohlichen Erfahrung gleichkommt. Das Gewahrwerden der Trennung wird vom Kind wie ein gewaltsames Zerreißen der noch undifferenzierten körperlich-psychischen Einheit erlebt. Ein Säugling erfährt dann möglicherweise die Trennung von der Brustwarze in seinem Mund als den plötzlichen Verlust der Kontrolle über etwas, das von ihm als lebenswichtiger sensorischer Teil seiner Zunge empfunden wurde und ihm das Gefühl vermittelte, ‚zu sein'. Als der Brustwarzen-/Saugerteil der Zunge nicht mehr da war, wann immer er gebraucht wurde, war das Gefühl ‚zu sein' bedroht. Das schwarze Loch des ‚Nichtseins' tat sich dar und wird wie ein unendliches Fallen, ein Fallen ins Weltall oder ein schwarzes Loch erlebt (vgl. dazu Tustin 1990/2008). Die wichtige Erfahrung des ‚going on being' (Winnicott 1984), einer Kontinuität des Seins, erfährt einen Riss." (Staehle 2012: 57)

(2) *Sterben* ist als *Grenzfall von Handeln* zu begreifen; in der Erfahrung bleibt diese Aktivität, wie wir gesehen haben, zugleich deutlich spürbar und doch für den Sterbenden latent. Um diesem Charakter der Erfahrung als der einer Entscheidung Rechnung zu tragen, haben wir nicht den Terminus ‚Sterbeerfahrung' verwendet. Vielmehr wird mit dem Terminus ‚Sterbenserfahrung' die aktive Prozessualität des Sterbens auf den Begriff gebracht, womit deutlich gemacht wird, dass dieser Prozess des Sterbens als aktiver, nicht aber dessen passiv eintretendes Resultat: der Tod, erfahren wird[10] – was, worauf wir mehrfach hingewiesen haben, auch nicht möglich ist.

Wir hatten eingangs gefragt: Lässt sich Sterben paradox noch als Handeln auf den Begriff bringen? Wir zitierten Eberhard Jüngel, der behauptete: „Das Sterben – als Vorgang des menschlichen Lebens – das mag zwar *als Akt* des sterbenden Subjekts vollziehbar sein. Allerdings ist Aktivität in einem solchen Fall doch selbst schon durch eine vorgegebene Passivität ganz und gar bestimmt. Sterben als Akt des Lebens, als letzter Akt des Lebens, ist Verarbeitung eines *Zwanges*, der dem Menschen widerfährt, ist Verarbeitung einer *Passiv-Situation*." (Jüngel 1976/1978: 27; Kursiv. i. Orig.) Daran ist nach dem Durchgang durch unsere Analyse zweierlei bemerkenswert: Die Bestimmung „durch eine vorgegebene Passivität" scheint so vollständig nicht zu sein, wird doch noch das Übergehen in das Nichts, das Vergehen als Aktivität empfunden.[11] Dies zeigt, dass im Moment des Verschwindens von objektiv gegebenen Optionen, das Subjekt im Ergreifen der letztverbleibenden Option noch sich als Entscheidungsmitte realisiert. Auch hier gilt also noch, dass das Subjekt als konfrontiert mit dem Entscheidungsproblem sich erfährt; wie in jeder Krise

10 Wie wenige andere spricht auch Russell Noyes von der Sterbenserfahrung („The Experience of Dying", 1972); auch er zielt thematisch auf das Sterben als Prozess. – Allerdings formuliert er so noch vor Moodys terminologischer Prägung der Debatte; danach setzt sich, wie bereits erwähnt, der Terminus ‚Nah-Tod-Erfahrung' durch.

11 In dem Bericht eines Arztes, der einen Soldaten mit Bauchschuss, der „im Begriff war zu sterben" mit einer kaum erfolgversprechenden Operation ins Leben zurückholte, wird dessen Bericht wie folgt referiert: „Es war alles wie ein Weggleiten oder Wegschwimmen" (Wiesenhütter 1974/1977: 11). In dem „oder", das ja nicht ausschließend ist, kommt die Unentscheidbarkeit zwischen Passivität und Aktivität zum Ausdruck (s. o., S. 72).

– und nur in der Krise – so auch hier; und wie in jeder Krise, so steht dem Subjekt auch hier keine bewährte Lösung zu deren Bewältigung schlicht zur Verfügung: auch das „*Selbstverlöschen*“ muss entworfen und vollzogen werden.

Wenn zugleich „Sterben als Akt des Lebens, als letzter Akt des Lebens, [...] Verarbeitung eines *Zwanges*, [...] Verarbeitung einer *Passiv-Situation*“ ist – und in unserer Analyse zeigte sich, dass es sich so verhält (s. o., S. 43) –, so erfährt der Sterbende zudem als konfrontiert mit einem Deutungsproblem sich, für das vorliegende Deutungsmuster keine befriedigende Lösung bereithalten.

(3) Der soeben noch einmal explizit vorgenommene Bezug auf das Konzept der Krise könnte nun die Vermutung wecken, dass es sich beim Sterben eben um ein Token[12] des Type ‚Krise‘ handelt, dass sich nicht systematisch von anderen Tokens desselben Type unterscheidet. So vergleicht etwa Moody durchaus ähnliche Krisenerfahrungen, die „overlaps“ (1975/1976: 174 {52}) mit der Sterbenserfahrung darstellen.[13] Bevor dieser Frage nachgegangen werden kann, muss der Begriff der Krise in Erinnerung gerufen werden. Hierbei beziehe ich mich auf Ulrich Oevermann, der diesen für die Soziologie zentralen Begriff, besser: das zentrale Begriffspaar ‚Krise‘ und ‚Routine‘, am klarsten herausgearbeitet hat (s. Oevermann 2004, 2008, 2009).

Zunächst einmal ist festzuhalten, dass konstitutionstheoretisch der Begriff der Krise den Vorrang vor dem Begriff der Routine hat, da Routinen als bewährte Problemlösungen aus der Bewältigung von Krisen hervorgegangen sind. Dies steht im Gegensatz zur praktischen Perspektive, in der wir immer schon auf bewährte Lösungen, also

12 „A Single event which happens once and whose identity is limited to that one happening or a Single object or thing which is in same single place at any one instant of time, such event or thing being significant only as occurring just when and where it does, such as this or that word on a single line of a single page of a single copy of a book, I will venture to call a Token.“ (Peirce 1906: § 537; Druck- bzw. Scanfehler korrigiert, TL {51})

13 Vgl. Moody 1975/1976: 171: „One woman who spent long periods alone in the desolate conditions of the North Pole reports a panoramic vision of the events of her life. Shipwrecked sailors stranded alone in small boats for many weeks have described hallucinations of being rescued, sometimes by paranormal beings like ghosts or spirits.“ {53}

auf Routinen, zurückgreifen können und Krisen gerade dann erst auftauchen, wenn die Routinen nicht mehr greifen, wenn wir in eine Situation geraten, in der bisher geltende Routinen erschüttert werden – etwa wenn der täglich gewählte Weg zur Arbeit durch eine Baustelle blockiert ist – oder für die es bis dato gar keine Routinen gibt. Aber alle geltenden Routinen sind eben zunächst aus Krisen als Problemlösungen aus ihrer Bewältigung hervorgegangen und sind zu Routinen geworden, weil diese Lösungen sich bewährt haben (vgl. Loer 2008 b: 174).

Oevermann unterscheidet drei Typen von Krisen:

„1. Die *traumatische Krise*, in der wir von einem unerwarteten Ereignis oder Zustand, sei es schmerzhaft oder ekstatisch, glückhaft überrascht werden. In ihr konstituiert sich die Natur- und die Leiberfahrung.

2. Die *Krise durch Muße*, also die Krise, die sich dadurch herstellt, daß wir etwas in der erfahrbaren Welt als Selbstzweck, um seiner selbst willen, wahrnehmen, worin wir also die Wahrnehmung von etwas unpraktisch zur selbstgenügsamen Handlung erheben und nicht als eine Phase eines praktischen Handelns vollziehen. Unter dieser Bedingung einer müßigen Wahrnehmung von etwas wächst die Wahrscheinlichkeit, daß wir an einem sonst bekannten Gegenstand etwas Neues, Überraschendes entdecken, daß wir nun, ob wir wollen oder nicht, bestimmen müssen. In dieser Krise konstituiert sich die ästhetische Erfahrung. In diesen beiden Krisentypen tritt die erfahrbare Welt jeweils, auf je andere Weise, als unbestimmtes X in unsere Aufmerksamkeit, so daß wir reagieren müssen, und dies schon der erste Schritt auf dem Wege der krisenbewältigenden Bestimmungen ist.

3. Während in diesen beiden Krisentypen die Erfahrungswelt gewissermaßen krisenerzeugend auf das erkennende Bewußtsein eindringt, verhält es sich im dritten Typus, der *Entscheidungskrise*, als dem Prototyp von Krise überhaupt, denn das Wort Krise stammt aus dem Griechischen und heißt darin nichts anderes als Entscheidung, umgekehrt. Hier erzeugen wir die Krise selbst, in dem wir hypothetische Möglichkeiten, also Alternanten einer möglichen Zukunft konstruieren, zwischen denen wir dann gemäß dem unabweisbaren Prinzip, daß man sich nicht nicht entscheiden kann, eine Entscheidung treffen müssen.“ (2008: 18 f.; Kursiv. hinzugefügt, TL)

Diese Konzeptualisierung in Anschlag bringend können wir nun festhalten, dass die Sterbenserfahrung einerseits dem Typus der traumatischen Krise par excellence entspricht, da wir – auch wenn, wie eingangs festgehalten, gilt, dass nichts im Leben so gewiss ist wie der Tod und die Tatsache, dass jeder sterben muss – in der Konfrontation mit dem eigenen Tod „von einem unerwarteten Ereignis [...] überrascht werden". Zugleich aber zeigte sich in unserer Rekonstruktion auch, dass das Moment des Entwerfens hypothetischer Welten, der Möglichkeit des Andersseins und damit eben der Handlungsoptionen in der Sterbenserfahrung ebenso auftaucht wie die andere Seite dieser Medaille: die Entscheidung zwischen Optionen – auch wenn die Optionen selbst letztlich als auf eine Alternative in der Haltung zu einem Unabweislichen reduziert sich erweisen. Denn auch in der traumatischen Krise gibt es nicht eine einfache Lösung, die nur gefunden werden muss, sondern es muss zu ihrer Bewältigung gewissermaßen eine Lösung er-funden werden, was ein Entwerfen hypothetischer Lösungen und eine Auswahl aus diesen impliziert.[14]

Wir haben oben (S. 70) herausgearbeitet, dass die Sterbenserfahrung als aktuelle ja eine gesteigerte Krisenerfahrung ist, da dem Sterbenden nicht nur sein So-Sein, sondern eben sein Da-Sein, seine Existenz grundsätzlich fraglich wird. Dies hängt, so können wir nun ergänzen, damit zusammen, dass im Normalfall der Krisenbewältigung das Subjekt die zu dieser Bewältigung gehörenden Lösungen und damit auch jene in die Welt setzt und zunächst als gültig behauptet und dass das Subjekt, wenn es sich mit der Behauptung „selbst objektiviert hat und insofern sich selbst prädizieren kann als ein S[ubjekt]", eben „mit einer Behauptung sich selbst behauptet hat" (Oevermann 2008: 11). Genau dies ist nun aber in der Krise der Sterbenserfahrung nicht der Fall: Das Subjekt kann seine Krisenbewältigung nicht objektivieren und damit sich selbst als „set of attitudes" {54} nicht mehr fassen (s. o., S. 67 f.) und behaupten.

14 Es können also traumatische und Entscheidungskrise auch analytisch nicht ohne weiteres getrennt werden; dies wird auch sehr schön deutlich in Heinrich von Kleists Darstellung der Rede des Grafen Mirabeau, der das Ansinnen des Königs zurückweist und damit eine traumatische Krise auslöst und zugleich praktisch eine neue Option der politischen Verfasstheit: Volkssouveränität, er-findet und ergreift und *dadurch* die alten Optionen: Gottesgnadentum, konstitutionelle Monarchie, als delegitimiert erweist (s. von Kleist 1878/1982: 320 f.).

Allan Kellehar beschreibt die „Nah-Tod-Erfahrung“ ebenfalls als Krise (1996: 20). Trotz seiner sehr eingängigen und treffenden Explikation des Krisenbegriffs (a. a. O.: 156-159) verfehlt er allerdings das Spezifische dieser Krise. Sie stellt eben nicht lediglich eine „major disruption of our taken-for-granted world and its meaning“ (a. a. O.: 20 {55}) dar, sondern eine Erschütterung der Welthaftigkeit überhaupt (vgl. o., S. 66 f. und u., S. 97, zu Cazeneuve). Das Besondere der Krise der Sterbenserfahrung lässt sich nunmehr wie folgt bestimmen: Ihre Bewältigung besteht in der Umkehrung der ‚normalen‘ Bewältigung einer Krise durch Prädikation des krisenauslösenden unbestimmten Gegenstandes; hier nämlich tritt an die Stelle der Prädikation die Anerkennung des Verschwindens der wie auch immer bestimmten oder doch bestimmbaren Gegenständlichkeit selbst – das Festhalten an der Prädikation hingegen perpetuiert die Krise, die so nicht bewältigt werden kann, sondern nur ereignishaft terminiert wird (s. u., S. 111 f. zur Erzählung „Der Tod des Iwan Iljitsch“). Das Verschwinden aber, als absolutes, ist kein Prädikat, dessen „Begriffsinhalt“ die „Bestimmung einer finiten Menge von X.en [sc.: unbestimmten Gegenständen] [...] als Begriffsallgemeines transzendiert“ (Oevermann 2008: 7), sondern ein Verschwinden der Prädizierbarkeit selbst – und somit: insofern das Subjekt des möglichen Prädizierens selbst verschwindet, nicht mehr als Begriffsallgemeines fassbar und einer Bewährung nicht mehr aussetzbar. Würde nämlich das Verschwinden vollzogen, gäbe es kein Protokoll seiner Prädizierung (s. o.; S. 68) und ihre Bewährung wäre nicht feststellbar; wird es nicht vollzogen, so gibt es ein Protokoll – wir haben ein solches analysiert –, aber die Authentizität des Protokolls als Protokoll des Verschwindens ist nicht überprüfbar, da ihm immer ein ‚fast‘, ein ‚beinahe‘ anhaftet und wir niemals wissen könne, ob die Vollendung des Verschwindens seine Erfahrung verändert hätte. – In die Bedeutung, die der Erfahrende aus seiner Erfahrung gewinnt,[15] geht diese integral ein. Die Gültigkeit der rekonstruierten Bedeutung kann aber nicht mehr der Bewährung ausgesetzt werden; wenn in der Aussage „X ist ein p“ „p“ die Negation jeglichen Prädikats darstellt („*dass es da gar nichts gab*“), gibt es nur die Möglichkeit der Falsifikation: „*da war doch was*“, oder der endgültigen ‚Bewährung‘ im Verschwinden, die aber eben keine echte Bewährung mehr darstellt,

15 „sense and meaning that the experiencer constructs from the experience“ (Kellehear 1996: 43 {56})

da die evaluative Aussage, in der sie sich ausdrücken könnte: „und sah, dass es gut war“, bereits in Falsifikation umschlagen würde.

Damit ist auch das Dilemma der „letzte[n] offene[n] Bewährungsprobe“, der der Mensch im Sterben ausgesetzt ist,[16] formuliert: die nüchterne Anerkennung der Alternativ- und damit Wahllosigkeit, allenfalls noch begleitet vom neugierigen Staunen,[17] das nicht daran verzweifelt, dass es sich nicht mehr wird mitteilen können – oder deren Leugnung.

Auf welcher Ebene liegt nun das Krisenhafte der Sterbenserfahrung? Da es nicht dem Sterben als Gegenstand anhaftet, sondern dem Sterben als Relation des Subjekts zu einer Situation,[18] kann ja das Subjekt in unterschiedlicher Weise an der Konstitution dieser Krise beteiligt sein. „Es könnte das Krisenhafte von X [sc. dem krisenauslösenden Gegenstand] für L (oder S) [sc.: dem erfahrenden Subjekt] dadurch bedingt sein, daß für die gesamte Gattung von L (oder S) X unbekannt, also neu ist, oder aber nur für das konkrete Exemplar oder Individuum L (oder S), das über eine prädizierende Schematisierung oder Begrifflichkeit zur Bestimmung von X nicht verfügt, obwohl die Gattung als solche eine solche bereit hält. [...] Die Krise ist somit der Möglichkeit nach eine Funktion sowohl 1) der Gattungsausstattung, 2) der Geschichtlichkeit der sprachlich kodierten Wissensentwicklung, 3) der Kulturspezifizität der Wissens- und Sprachentwicklung, 4) des individuellen Entwicklungsstandes in der Ontogenese und 5) des individuellen Bildungsgrades.“ (Oevermann 2008: 11, Fn. 1) Da der Gegenstand: das Sterben, von keinem Subjekt vollständig erfahren *und* protokolliert werden konnte, hilft höchste Bildung (5) hier wenig weiter, da in keiner Kultur (3) und zu keinem historischen Zeitpunkt (2) eine „prädizierende Schematisierung“ entwickelt werden

16 Oevermann formuliert: „Entsprechend ist die letzte offene Bewährungsprobe einer konkreten Lebenspraxis paradoxerweise der Tod selbst.“ (2001: 293, Fn. 6), was wir auf der Basis unserer Analyse abwandeln mussten.

17 Über das Staunen als Moment des künsterischen Handelns der Realität gegenüber, müßig und in Distanz zur Praxis, vgl. Loer 2004 a: 104.

18 So ist ‚Krise‘ grundsätzlich ein relationaler Begriff, der die Beziehung zwischen einem Erfahrungssubjekt und einem krisenauslösenden Gegenstand umfasst (vgl. Oevermann 2008: 10 f.).

konnte, die ein Chance auf Bewährung gehabt hätte. Insofern gilt für das Subjekt der Sterbenserfahrung, was nicht nur in vielen Sprichwörtern festgehalten ist: dass „der Tod [...] alle gleich macht." (Grimm/Grimm 1843/2012: 279 f.) In der Gattungsausstattung (1) gründet die Krisenerfahrung nicht, wie ja die Berichte über Sterbenserfahrungen zeigen, wohl aber in der conditio humana.[19]

Schließlich hält Oevermann zu Recht fest: „Die Unmittelbarkeit der menschlichen Erfahrung ist eine, die gewissermaßen durch die Möglichkeit der Bestimmung durch Prädikate, also durch die Möglichkeit der Vermittlung schon hindurchgegangen ist. Sie vertritt das, was sich der grundsätzlich gegebenen Bestimmbarkeitsmöglichkeit – noch oder wieder – entzieht und deshalb Krise bedeutet." (2008: 8) Die Besonderheit des Sterbens besteht nun darin, dass die Unmittelbarkeit der Sterbenserfahrung die grundsätzliche Möglichkeit der Prädizierung dadurch realisiert, dass sie die Bedingung ihrer eigenen Möglichkeit aufhebt: somit ist es die ultimative Krise, deren Bewältigung im finalen Akt der authentischen Deutung besteht (vgl. Loer 2004 b).

(4) Dass der Vergleich der Sterbenserfahrung mit Traumerfahrungen, der prima vista sinnvoll erscheint, nicht trägt, ist nach der Klärung der Besonderheit der Krise des Sterbens, die in der Sterbenserfahrung sich zeigt, offenkundig. Neben offensichtlichen Unterschieden, wie verschieden Autoren sie auch anführen: dass etwa Träume anders als die Sterbenserfahrung nur selten – etwa wenn sie gleich aufgeschrieben wurden oder wenn sie sich wiederholen – längere Zeit erinnert werden,[20] ist es vor allem das Erhaltenbleiben von Gegenständen, Interaktionspartnern und insbesondere dem träumenden Subjekt, das

19 Inwiefern der individuelle Entwicklungsstand (4) in die Konstitution der Krise eingeht, ist hier zunächst einmal nachrangig, wäre aber eine eigene Untersuchung, in der Sterbensberichte von Nicht-Erwachsenen herangezogen würden, wert.

20 Vgl. etwa: „Sie führt ein Traumtagebuch und fragte sich daher häufig selbst, ob diese Erfahrung nur ein Traum war. Sie bestreitet das, denn dazu war die Erfahrung zu außergewöhnlich, ganz anders als ihre sonstigen Träume. Während sie, wie viele andere, ihre gewöhnlichen Träume bald wieder vergißt, bleibt die Nahtoderfahrung ‚für immer' und vielfach auf eine lebendige Weise im Gedächtnis." (Knoblauch 1999/2002: 98)

die möglichen Krisen im Traum erlebt, was die Traumerfahrung von der Sterbenserfahrung unterscheidet. Die Gegenständlichkeit, Interaktionspartner und Träumer verschwinden im Traum niemals alle gleichzeitig oder auch sukzessive.[21]

(5) In dem Verschwinden aller Gegenständlichkeit und zugleich der Auflösung aller sozialen Beziehungen wie damit des Selbst, die wir als den Kern der Sterbenserfahrung bestimmen konnten, drückt sich die Aufhebung aller Regeln im Tod aus, auf die Jean Cazeneuve aufmerksam machte: „La mort constitue l'échec irrémédiabe et inévitable de tout effort pour faire de la condition humaine un état stable et immuable. Elle est, par la négation, la manifestation la plus frappante du devenir, le changement d'état le plus évident. Cet événement est la menace par excellence à toute règle d'existence humaine." (1958: 136 {57}) Deshalb, weil der Sterbende sich aus aller Reziprozität herausbegibt und sie damit als solche negiert, ist der Tod „l'anéantissement irrémédiable de toute stabilité dans la condition humaine" (a. a. O.: 299 {58}). Diese grundlegende Bestimmung des Todes, die seinen je kulturspezifischen Deutungen zugrunde liegt, lässt sich, wie wir gesehen haben, offensichtlich auch der Erfahrung des Sterbens entnehmen. Es bleibt damit aber auch in seiner universellen Gestalt ein kulturelles und soziales Phänomen. Die Universalität wird nicht – wie etwa Alois Hahn meint – allein biologisch konstiutiert: „Tod und Sterben als soziale Phänomene wandeln sich. Als biologische Phänomene wandeln sie sich nicht." (Hahn/Hoffmann 2009: 121) In die verschiedenen Deutungen, die der Tod und auch das Sterben erfahren, geht wie in die Deutung eines Rätsels seine universelle Struktur ein als eine Frage, die eine Antwort erzwingt, ohne sie vorzugeben. Und wie in der praktischen Deutung des Rätsels dieses in ihr verschwindet, verschwindet die universelle Frage, die das Sterben an jeden Einzelnen stellt, praktisch in der je kulturspezifischen Antwort. „Ich sagte: die Rätselantwort sei nicht der »Sinn« des Rätsels in der Weise, daß beide zugleich

21 Die von Michael Schröter-Kunhardt (2002) mit dem Ziel, „empirisch-biologische Grundlagen für den Glauben an ein Leben nach dem Tod" zu liefern, gar „ein objektives Jenseits" (a. a. O.: 734) zu belegen, angeführten Vergleiche mit anderen Erfahrungen bleiben unspezifisch. Wollte man solch einen Abgleich aufschlussreich durchführen, wäre eine ebenso genaue Analyse kontrastierender Erfahrungen erforderlich wie wir sie hier für eine Sterbenserfahrung durchgeführt haben.

bestehen könnten; daß die Antwort im Rätsel enthalten sei; daß das Rätsel lediglich seine Erscheinung bilde und als Intention die Antwort in sich beschließe. Vielmehr steht die Antwort in strenger Antithesis zum Rätsel; bedarf der Konstruktion aus den Rätselelementen und zerstört das Rätsel, das nicht sinnvoll, sondern sinnlos ist, sobald die Antwort ihm schlagend erteilt ward." (Adorno 1931/1973: 338) Die „Konstruktion" ist, wie bei aller Erkenntnis, unabdingbar (vgl. Oevermann 2008: 7), ob sie „schlagend" ist, erweist sich *praktisch* durch Auflösung des Rätsels. Die *methodische* Rekonstruktion aber kann aus der Antwort die Frage gewinnen. – Wenn dies zutrifft – und unsere Analyse bot unseres Erachtens einen unabweisbaren Kandidaten für die universelle Frage –, dann ist nicht haltbar, was Cornelia Klinger in vermeintlich ähnlicher Formulierung behauptet: „Das universale und invariante physiologische Faktum des Todes, das den Menschen keineswegs allein betrifft, ist offen für unendlich viele spezifisch menschliche Deutungen und Anschauungen, Regeln und Gesetze, Verhaltens- und Handlungsweisen." (Klinger 2009 b: 7) Das Faktum des Todes ist nicht lediglich universal, weil es ‚invariant physiologisch' ist, wie hier unterschwellig suggeriert wird, sondern weil es als eine unvermeidliche, als die ultmative Krise vom Sterbenden eine Bewältigung verlangt; und da die Frage nur durch eine Antwort, die „ihm schlagend erteilt" wird, beantwortet werden kann, ist sie nicht „offen für unendlich viele spezifisch menschliche Deutungen und Anschauungen" – zumindest wenn man damit nicht schlicht die Anzahl der Tokens solcher Deutungen meint, sondern die Types der möglichen schlagenden Antworten zu rekonstruieren bestrebt ist, was immer die Rekonstruktion der universalen Frage impliziert.

4 Zu Berichten in der Literatur zu „Nah-Tod-Erfahrungen“

Der qua Rekonstruktion der Sterbehandlung bestimmte Begriff des Sterbens findet sich in der reichhaltigen Literatur zu Sterbenserfahrungen (sogenannten Nah-Tod-Erfahrungen) nicht expliziert, ja er ist meist nicht sogleich ohne weiteres wiederzuentdecken. Dies liegt daran, dass die in dieser Literatur zu findenden Deutungen der Sterbenden nicht auf das in ihnen Gedeutete hin ausgelegt werden, dass der entsprechende methodische Zugang fehlt. Entweder wird versucht, den Deutungen eine Art „Modellerfahrung“[1] zu unterlegen, die sogar eine bestimmte Ordnung aufweise;[2] diese „Standarderfahrung“ (Knoblauch 1999/2002: 23) wird dann meist als Beleg, zumindest als Hinweis auf eine jenseitige Wirklichkeit, auf ein Leben nach dem Tode verstanden.[3] Oder es wird der „These von der Standarderfahrung“ die „Vielgestaltigkeit der Erfahrung“ entgegengehalten und jene damit zum „Mythos“ erklärt (Knoblauch, ebd.). Die Struktur der Erfahrung als *vielgestaltige Anwort* auf eine *strukturallgemeine Frage*, als individuell[4] bzw. kulturell[5] spezifische, praktisch deutende Reaktion

1 Moody nennt sie „a brief, theoretically ‚ideal‘ or ‚complete‘ experience which embodies all of the common elements“ (1975/1976: 21 {59}); später dann weniger vorsichtig: „the theoretically complete model experience which [...] embodies all of the common elements of typical near-death experiences“ (1977/1978 a: 5 {60}), das dann noch um einige neue Elemente ergänzt wird (a. a. O.: 7-28).

2 : „order in which it is typical for them to occur.“ (Moody 1975/1976: 21 {61})

3 „Die Bücher der schönen Täuschungen“, nennt Albert von Schirnding (1979: 235) deshalb die Publikationsflut, die mit Moody und Kübler-Ross anschwoll.

4 „Jeder Mensch erlebt die Nähe des Todes auf seine eigene, höchst individuelle Weise.“ (Knoblauch 1999/2002: 107) S. auch: „Das, was Menschen in der Nähe des Todes erfahren, trägt sehr individuelle Züge.“ (a. a. O.: 136) – Selbst Moody hebt die Fallspezifität der Erfahrungen hervor: „Despite the striking similarities among various accounts, no two of them are precisely identical“ (1975/1976: 23 {62}).

5 „Nahtoderfahrungen tragen offenbar nicht nur die individuellen Züge der Vergangenheit, der Biographie und der Umgebung der Betroffenen. Es ist auch unübersehbar, daß in diese Erfahrungen das besondere kulturelle

auf eine individuelle Krise universeller Gestalt wird damit verkannt.[6] Darüber führt die bloße Feststellung des Faktums der Möglichkeit von „Nah-Tod-Erfahrungen“ als anthropologisch und damit universell nicht hinaus. Etwa wenn es bei Knoblauch heißt: „*Daß* Menschen Nahtoderfahrungen machen, scheint ein dem Menschen eigenes Vermögen zu sein des Vermögens [sic!], eine transzendente Wirklichkeit wahrzunehmen, die anders ist, als das, was unser Organismus an Reizen aufnimmt. Dieses Vermögen scheint zum Wesen des Menschen zu gehören. *Was* aber dann als transzendente Wirklichkeit erfahren wird, wie die Inhalte aussehen, das lernen wir von den Mitmenschen, von der Kultur und vom Leben selbst.“ (1999/2002: 193 f.; Kursiv. i. Orig.) Sehr deutlich ist hier die Aufteilung von Konstitution der ‚transzendenten Wirklichkeit‘ auf das bloße Faktum eines unstrukturierten Anlasses einerseits, die kulturspezifische Konstruktion andererseits zu sehen. Die kulturspezifische Deutung der Erfahrung einer ‚transzendenten Wirklichkeit‘ erweist sich aber, wenn man die objektive Bedeutung dieser Erfahrung rekonstruiert, ihrerseits als eine je

Erbe der jeweils betroffenen Personen eingeht. Die Menschen haben eine unverkennbar individuelle Stimme – aber sie sprechen die Sprache ihrer Kultur.“ (Knoblauch 1999/2002: 116) S. auch: „Die Kultur leitet das, was in der Nähe des Todes erfahren wird. Sie ist die Sprache, in der jede einzelne Person ihre Erfahrung macht.“ (a. a. O.: 142) Damit behauptet Knoblauch dieselbe konstitutive Relevanz der je spezifischen Kultur für die Erfahrung wie Benjamin Lee Whorf es von der jeweiligen Sprache für das Denken behauptet: „Und jede Sprache ist ein eigenes riesiges Struktursystem, in dem die Formen und Kategorien kulturell vorbestimmt sind, aufgrund deren der einzelne sich nicht nur mitteilt, sondern auch die Natur aufgliedert, [...] sein Nachdenken kanalisiert und das Gehäuse seines Bewußtseins baut.“ (1942/1982: 53) Auf den Gegensatz zu der unseren Ausführungen zugrundeliegenden, an Searles „Principle of Expressibility“ angelehnte Auffassung, dass auch Unvorstellbares seinen zwar kulturspezifischen, aber doch darüber hinausweisenden Ausdruck finden kann, wurde oben bereits hingewiesen (s. S. 55, Fn. 50). Für die konstitutionstheoretische Begründung des Wirklichkeitsbegriffs im Sinne eines methodologischen Realismus, die hier nicht ausgeführt werden kann, sei auf die entsprechenden Ausführungen von Ulrich Oevermann verwiesen (s. etwa 2013: 73-79; vgl. auch Loer 2006: 355 u. 2007 b: 246 f.)

6 Vielgestaltigkeit wird dann auch von Vielfältigkeit nicht unterschieden und letztlich quantitativ auf Aufzählbarkeit reduziert (s. Knoblauch 1999/2002: 185).

spezifische praktische Rekonstruktion dieser universellen Erfahrung. Ohne deren Anerkennung „schiebt sich die subjektive Präformation des Phänomens vor das Nichtidentische daran, vors individuum ineffabile.“ (Adorno 1966/1982: 148) Es bleibt dann, wenn anders man nicht bei der kulturrelativistischen Beliebigkeit stehenbleiben will, nur übrig, das ganz Andere anzunehmen und damit letztlich wie die Vertreter der ‚Modellerfahrung‘ die Wirklichkeit eines Jenseits anzudeuten und so die empirische Forschung in Richtung auf eine – und sei es negative – Theologie hin zu verlassen.

Dieses Ergebnis ist nicht nur Folge einer theoretischen Vorentscheidung, sondern auch eines damit einhergehenden und die Erschütterung der Vorentscheidung durch empirische Erkenntnisse ausschließenden methodischen Vorgehens. Wenn die unterschiedlichen Deutungen, die auf verschiedene Weise erhoben werden, lediglich paraphrasiert und allenfalls auf passende Deutungssysteme, denen sie entstammen, zugerechnet werden, bleibt nur eine relative Gemeinsamkeit, die als kulturspezifisch erzeugt verstanden wird.[7] Eine methodisch zureichende sekundäre Untersuchung des reichhaltig vorhandenen Materials, die an dieser Stelle zu erfolgen hätte, ist vor allem aus Gründen der Datenqualität nicht möglich. Schon die Erhebung ist oftmals darauf ausgerichtet, die jeweilige eigene These zu belegen; so etwa, wenn kulturvergleichend die Verbreitung der Modellerfahrung festgestellt wird, weil „diejenigen Merkmale [abgefragt wurden], die den Forschern mit Blick auf die Standarderfahrung bedeutsam erschienen.“ (Knoblauch 1999/2002: 86) Aber auch, wenn dieser simple Fehler vermieden wird, so wird in den Publikationen so gut wie niemals unbearbeitetes Material ausgebreitet. Selbst wenn „Auszüge aus einigen Interviews wiedergegeben werden“ und der Autor sich nicht wie Hubert Knoblauch darauf beschränkt, sie „– um der besseren Lesbarkeit willen – [zu] paraphrasieren“ (1999/2002: 94), werden

7 Manchmal in Form einer platten Intertextualitätsthese (etwa Knoblauch 1999/2002: 39). Diese wird etwa von Mark Fox infrage gestellt: „Even if we baulk at accepting the elaborate NDE models that emerged early on within the field of near-death research, we are surely justified when confronted repeatedly by such motifs in asserting some sort of common core to NDE reports – a core that is not necessarily explained away by well-known processes such as intertextuality.“ (2003: 98 {63}) Zu den verschiedenen Ebenen des Intertextualitätsbegriffs, die bei einer vertiefenden Debatte zu berücksichtigen wären, s. Lachmann 1984.

entweder „die Interviewaufnahmen […] sprachlich, stilistisch und dialektal bereinigt“ (a. a. O.: 215) oder „Auszüge ausgewählt, die mir [sc.: hier dem Autor Hubert Knoblauch] exemplarisch für diese Berichte erscheinen“ (a. a. O.: 94), ohne dass die Kriterien für die Auswahl offengelegt würden, und schließlich erfährt der Leser wenig bis nichts über die pragmatische Rahmung der Erhebung; dies gilt nicht nur für Knoblauch, der hier stellvertretend angeführt wird,[8] sondern für die meisten in der Literatur zu findenden Berichte. Eine vergleichende Untersuchung müsste Quellenkritik betreiben, sorgfältig die Umstände der Erhebung des vorliegenden Materials recherchieren, um die pragmatische Rahmung bestimmen zu können, und die Veränderungen rückgängig machen, zumindest offenlegen; eingedenk dieses erforderlichen Aufwandes erscheint es eher opportun, eigenständige Erhebungen durchführen. Dazu fehlen uns momentan die Möglichkeiten.

Was Alois Hahn bezüglich der „inhaltlichen Bestimmungen vom Tod“ (1968: 138), mittels derer die Überlebenden in einer Gesellschaft dem Tod einen Sinn geben, ausführt, gilt auch für die inhaltlichen Bestimmungen, die sich in den Beschreibungen und Deutungen der Sterbenserfahrungen finden: „Die sozialen Situationen, die der Tod in jeder Gesellschaft auslöst, sind zwar je nach deren Struktur unterschiedlich, aber nicht unbegrenzt. Die möglichen Interpretationen der Kulturen, die eine sinnadäquate Bewältigung dieser Situationen leisten könnten, können ebenfalls nicht unendlich zahlreich sein“; und sie können auch nicht arbiträr sein, selbst wenn man von „diffundierenden Interpretationsschemata“ ausgeht: „Diese Diffusion kann selbst nur möglich geworden sein, weil die den diffundierenden Interpretationsschemata zugrundeliegenden Situationen ihrerseits ähnliche Charakterzüge aufgewiesen haben müssen, die die Übertragung heterogener Deutungssymbole und -inhalte allererst gestatten. […] Darüber hinaus gilt […], daß die kulturvarianten Antworten auf die Herausforderung durch eine Situation dem ‚principle of limited

8 Wobei Knoblauch durchaus als typisch für den wissenssoziologischen Zugang angesehen werden muss. So stützt er seine These der kulturspezifischen Heterogenität der „Nah-Tod-Erfahrungen“ doch auf recht oberflächliche Weise, wenn er etwa die Tatsache, dass ein indischer Bericht eine Himmelfahrt auf dem Rücken einer Kuh, ein New Yorker Bericht eine Himmelfahrt im Yellow Cab erwähnt, für einen Beleg dafür hält (a. a. O.: 89).

possibilities' (Goldenweiser {64}) unterworfen sind." (a. a. O.: 139) Goldenweiser bestimmt das Prinzip wie folgt: „It thus appears that *the cultural features, as they occur in concrete cultural complexes, constitute, when compared to the multiplicity of their sources, a limitation in the possibilities of development*. In other words, there is convergence, for convergence is the development of cultural similarities which arise from different sources." (1913: 276 f.; Kursiv. i. Orig. {65}) Von den beiden Aspekten seines Prinzips, die er herausstellt, ist hier der zweite relevant: „Of the above generalizations, the two of greatest importance for our immediate problem are, the one that which refers to the limitation in number, and definiteness in type, of the concrete manifestations of a culture; the other, that which speaks of the similarities obtaining between such concrete manifestations of different cultures." (A. a. O.: 274 {66}) – Die hier entscheidende Differenz zwischen Struktur der Erfahrung und deren inhaltlicher Deutung verkennt Knoblauch, wenn er feststellt: Die „Auffassung, dass Nah-Todeserlebnisse von kulturellen Merkmalen [Knoblauch meint hier kultur*spezifische* Merkmale] unabhängig seien, [ist] nicht haltbar". Die Unabhängigkeit der inhaltlichen Deutung zu behaupten, würde in der Tat voraussetzen, den Blick vor den offensichtlichen Differenzen zu verschließen. „Dass die Erfahrung des [sic!] Todesnähe maßgeblich von der Kultur und den in ihr herrschenden Formen der Kommunikation beeinflusst wird" (Knoblauch 2012: 13 f.), oder gar, dass die erwähnten kulturspezifisch differenten Deutungen sich nicht auf ein kulturell Allgemeines als zu Deutendes beziehen, kann aus den inhaltlichen Differenzen nicht geschlossen werden, sofern sie nicht zumindest auf ihre objektive Bedeutung hin untersucht werden – was in dem wissenssoziologischen Ansatz Knoblauchs eben methodisch nicht vorgesehen ist. Gewiss ist mit Kurt Robert Eissler festzuhalten, „that death – in whatever shape or form it may appear – is always a psychological event, growing out of the individual's total life history and the ultimative result of his individuality." (1955: 104 {67}) Auch Hans Küng hält diesbezüglich richtig fest: „Das Erscheinen bekannter Gestalten aus dem familären und religiösen Bereich macht deutlich, wie sehr diese Phänomene von der individuellen Vorstellungswelt des Betroffenen bestimmt sind." (1982/1988: 32) Und: „Sterbeerfahrungen und Lebenserfahrungen scheinen in einem inneren Zusmmenhang zu stehen: Sterben scheint nicht zuletzt davon abhängig zu sein, wie das *Leben* bewältigt wurde." (a. a. O.: 37;

Kurisv. i. Orig.) Zugleich jedoch muss festgehalten werden, dass die Tatsache des Sterbens selbst und die Grundstruktur seiner Bedeutung: das Verschwinden von dinglicher Welt, Mitwelt und Individuum, das universelle Problem aufwerfen, auf das der Sterbende seine – gemäß seiner Individuierungsgeschichte spezifische – Antwort findet. Darin genau, so lässt sich an unserem Begriff des Sterbens bestimmen, besteht die letzte Bewährung, die Bewältigung der ultimativen Krise durch eine authentische finale Wahl. Um dieses Gelingen fleht das lyrische Ich im Stunden-Buch: „O Herr, gieb jedem seinen eignen Tod. / Das Sterben, das aus jenem Leben geht, / darin er Liebe hatte, Sinn und Not.“ (Rilke 1905/1987: 347)

Wenn Edgar Morins Ausführungen zutreffen,[9] dass es ‚zwei erste und universelle Konzeptionen des Todes in der Menschheit‘ gibt (1951/1976: 114), und dass sich daraus ‚alle Kombinationen von Formen des Glaubens und der Ideologien des Todes‘ (a. a. O.: 22) entwickelt haben, dann ist der Rahmen der „kulturvarianten Antworten auf die Herausforderung durch eine Situation“ (Hahn) des Todes sehr eng gefügt. Dies ist auch nicht verwunderlich, wenn der Tod als schlechthinnige Bedrohung der Regelhaftigkeit der menschlichen Existenz (Cazeneuve 1958: 136; s. o., S. 97) bestimmt werden muss. In der einen Konzeption: „la conception cosmomorphique“ (Morin 1951/1976: 123-147 {68}), wird der Skandal des Todes geheilt durch „la métamorphose ou l'intégration cosmique où toutefois l'individu s'insère et surnage (mort-renaissance, mort-repos, etc.)“ (a. a. O.: 114 {69}); in der anderen Konzeption: „le ‚double‘ (fantôme, esprits...), ou le contenu individualisé de la mort“ (a. a. O.: 149-172 {70}), hingegen „l'individualité s'affirme par-delà la mort“ (a. a. O.: 114 {71}), wodurch eine Fortschreibung der Reziprozität denkmöglich wird. Ausprägungen dieser Konzeption finden sich auch in den Berichten von „Nah-Tod-Erfahrungen“; sie müssen als Antwort auf das von uns herausgearbeitete Kernproblem der Sterbenserfahrung begriffen werden.

Es finden sich durchaus Versuche, die beiden Positionen: universelle Standarderfahrung vs. kulturspezifische Relativität zu vermitteln, worin sich das objektive Erklärungsproblem auch ausdrückt; einer der weitrechendsten wird von Mark Fox referiert: „In similar vein,

9 Sie zu überprüfen ist hier nicht der Ort.

in her study of the trans-formative effects of NDEs, Reborn in the Light, Australian NDE researcher Cherie Sutherland draws a distinction between ‚deep structures‘ which seem to recur throughout many NDEs universally and historically and ‚surface structures‘ which may be unique to certain cases, arguing that: ‚The fact that [NDErs] have been to another realm could be said to form part of the deep structure of the experience, whereas their description or interpretation of what they encountered could be seen to form part of the surface structure. I would argue that it is in terms of these surface structures that cultural conditioning *could* have an influence.‘ (Sutherland 1992: 30; emphasis in the original) It is important to be clear as to what, exactly, is being asserted here. Sutherland is suggesting that there is a core experience – for her, the actual detail of some other realm to which NDErs travel – which in testimony is overlaid or mixed with the ‚surface structure‘ of experients' own culturally conditioned attempts to articulate or interpret the experience of visiting that realm. This she offers as a possible explanation as to why, for example, the darkness is variously interpreted as ‚a tunnel, a valley, a culvert or a void‘ and why even the geography of the transcendent realm appears to differ from experient to experient (Sutherland 1992: 30).“ (Fox 2003: 99 {72}) Sutherlands Deutung der „core experience“ als Beleg für die Existenz einer jenseitigen Wirklichkeit ist eine Folge der unzureichenden methodischen Explikation dieses Kerns. Auch wenn bei anderen Autoren solche religiösen Deutungen nicht unbedingt erfolgen, findet sich doch eine methodische Explikation auch dort nicht: „However, there were several mentions of darkness described as a void, a calyx, or simply darkness. This suggests that tunnel experiences are not cross-cultural but that a period of darkness may be. This darkness is then subject to culture-specific interpretations: a tunnel for Westerners, subterranean caverns for Melanesians, and so on.“ (Kellehear 1996: 35 {73}) Auch Moody, obwohl er „moving rapidly through a long dark tunnel“ zum Modell der „Nah-Tod-Erfahrung“ zählt (1975/1976: 21 {74}), führt aus: „Often concurrently with the occurrence of the noise, people have the sensation of being pulled very rapidly through a dark space of some kind. Many different words are used to describe this space. I have heard this space described as a cave, a well, a through, an enclosure, a tunnel, a funnel, a vacuum, a void, a sewer, a valley, and a cylinder. Although people use different terminology here, it is clear that they are all trying to express some one idea.“ (a. a. O.: 30 f. {75}) Aber auch er kann diese „one idea“ letzlich nicht methodisch explizieren.

Man muss davon ausgehen, dass jede spezifische Kultur im Rahmen ihrer je eigenen ‚principles of limited possibilities‘ Deutungsmuster entwickelt, die nun für die der Kultur Angehörenden nicht nur die Beschreibungen der Erfahrungen des Sterbens, sondern gewiss auch diese Erfahrungen selbst prägen. Aber was gemäß diesen Deutungsmustern gedeutet wird, begrenzt seinerseits die Deutungsmöglichkeiten *jedweder* Kultur. Vor dem Hintergrund dieser Begrenzung ließe sich für jede Kultur bestimmen, was ihre Deutung und damit Erfahrungsfärbung des Sterbeprozesses *ist*; vor dem Hintergrund der kulturspezifischen Einflussstruktur (vgl. Loer 2007 a: 271 ff.), was ihre Deutung und damit Erfahrungsfärbung des Sterbeprozesses *sein kann*.

Es soll im Folgenden das Gedeutete in verschiedenen Deutungen zumindest plausibel aufgewiesen werden. Der Psychiater Ronald K. Siegel schreibt zu Recht gegen die blühenden Phantasien wissenschaftlicher Nachweisbarkeit eines Lebens nach dem Tod an: „Cross-cultural studies confirm that the experiences of dying and visiting ‚the other side‘ involve universal elements and themes that are predictable and definable. These phenomena arise from common structures in the brain and nervous system, common biological experiences, and common reactions of the central nervous system to stimulation.“ (1980: 911 {76}) Allerdings bleibt bei diesem Versuch, das Gemeinsame zu erklären, doch offen, was die universellen Elemente sind.[10] Wenn es universelle Momente in der Sterbenserfahrung gibt, so kann Universalität jedenfalls nicht nur als biologisch fundiert gedacht werden. Für die Beantwortung der Frage, woher eine Universalität der Sinnstrukturen der Phänomene rührt, bedarf es offensichtlich nicht lediglich einer naturwissenschaftlichen Sprache,[11] sondern eines soziologischen Verständnisses – allerdings eines solchen, das sich nicht

10 Allan Kellehear etwa zieht aus seinen kulturvergleichenden Studien den Schluss, „that features such as the life review and the tunnel sensation in clinical presentations of the NDE are not universal, and therefore that the development and general application of biological theories of causation are somewhat premature.“ (1996: 23 {77})

11 Allan Kellehear untersucht die Sprache der Neurophysiologen, u. a. die von Ronald K. Siegel (Kellehear schreibt stets Seigal), und deckt so manche Simplifikation auf (1996: 119-139).

in kulturrelativistischen Zuordnungen erschöpft. Mit unserem Begriff des Sterbens haben wir ein solches Verständnis entwickelt.

Die Literatur zu „Nah-Tod-Erfahrungen“ kann man nun grob unterteilen in

(1) solche, die eher *praktische Zielsetzungen* verfolgt – etwa (i) indem sie von mystischen Erfahrungen berichtet, sie meist religiös deutet und so (ii) dem Leser einen bestimmten Glauben nahezubringen oder doch, ihm die Angst vor dem Sterben zu nehmen, und dies (iii) mit „wissenschaftlichen“ Mitteln versucht – so heißt es etwa in einer Studie: „our data were subjected to elaborate statistical, pattern, and content analysis through computer evaluation.“ (Osis/Haraldsson 1977: 2 {78}) „Hallucinations can be interpreted in many ways. However, if we take all such cases [sc.: cases of people dying after having announced it, after talking to deceased relatives, etc.] and let a computer sort out their characteristics, we may hope to see whether they support the notion of an afterlife or whether they indicate destruction of the personality as the final end.“ (a. a. O.: 4 {79}) Und das Ergebnis solcher „wissenschaftlichen“ Untersuchung wird vorweg so formuliert: „Taken in conjunction with other evidence obtained by competent research into this question [...] we feel that the total body of information makes possible a fact-based, rational, and therefore realistic belief in life after death.“ (a. a. O.: 3 {80})[12] „It therefore appears that although religious affiliation may not determine the occurence of deathbed visions, religious involvement – independent of denomination – may slightly enhance them.“ (a. a. O.: 75 {81})[13]

(2) solche, die das Phänomen des Sterbens *wissenschaftlich erfassen* will – sei es (i) biologisch und neurologisch, (ii) psychologisch oder psychoanalytisch oder (iii) sozial- und kulturwissenschaftlich im weitesten Sinne.

12 Dabei liefern Osis und Haraldsson durchaus interessante statistische Daten bzgl. kultureller und religöser Einflüsse.

13 Weniger ihr Eingeständnis, keine Daten von Nichtgläubigen zu haben: „Unfortunately, we do not have much information about patients who did not believe in survival, and therefore comparison is impossible.“ (Osis/Haraldsson 1977: 90 {82}), als das methodisch unzureichende da auf Bedeutungsrekonstruktion verzichtende Vorgehen ist das Problem dieser Studie.

Die erste Kategorie der Literatur zu „Nah-Tod-Erfahrungen“ ist in unserem Zusammenhang in der Hinsicht aufschlussreich, als zu prüfen wäre, ob, wie in unserer Darstellung behauptet, die verschiedenen Beschreibungen der Sterbenserfahrungen und die praktischen Schlussfolgerungen daraus tatsächlich als kulturspezifische Deutungen eines universellen Deutungsproblems bestimmbar sind. Diese Überprüfung würde ein Forschungsprojekt verdienen, das aber bisher nicht durchgeführt wurde und auf dessen Schwierigkeiten bzgl. der Datenqualität oben (S. 102) bereits hingewiesen wurde.

Aus der zweiten Kategorie der Literatur zu „Nah-Tod-Erfahrungen“ soll hier vor allem diejenige herangezogen werden, die sozial- und kulturwissenschaftlich versucht, das Phänomen des Sterbens und des Todes auf den Begriff zu bringen. Autoren wie Ronald K. Siegel (1980; s. Zaleski 1987: 168 f.) bleiben hier außen vor. Seine Bezugnahme auf Formkonstanten (Heinrich Klüver)[14] kann diese letztlich lediglich als neurophysiologisch erzeugtes und neuropsychologisch emergierendes Substrat für Deutungen begreifen. Diese sind aber dadurch nicht determiniert; vielmehr muss ihre universelle Struktur ihrerseits noch als sinnstrukturierte erklärt werden. Wenn Siegel etwa davon ausgeht, dass die neurophysiologisch erzeugte Formvorstellung „is embellished with psychological artefacts“ (Zaleski 1987: 168 {84}), so bleibt die Frage, woher die Gestalt dieser ‚Artefakte‘ rührt – sinnlogisch gefragt: für welches Problem sie eine Lösung darstellen.

Die in den in der Literatur als wiederkehrend berichteten Aspekten der „Nah-Tod-Erfahrung“ auftauchenden Gedanken und Gefühle enthalten nun durchaus Bezüge zu dem, was die unserer Analyse zugrundeliegenden Erfahrung auszeichnet; allerdings mit einem Unterschied: diese enthält ein deutliches Gefühl der Überraschung (s. u., S. 118). Gehen wir nun die verschiedenen Aspekte einmal durch:[15]

(a) Auf die *Unaussprechlichkeit*, zumindest Schwierigkeit, die Erfahrung zur Sprache zu bringen, die allenthalben konstatiert wird

14 „From the visual cortex, optical neurons fire randomly to produce what Kluver, among others calls *form constants*. These are lattice, cobweb, tunnel, and spiral images that dominate most, if not all, hallucinatory experiences.“ (Kellehear 1996: 121 f.; Kursiv. i. Orig. {83})

15 Diese Liste ist unvollständig und auch die Behandlung der verschiedenen Aspekte ist als lediglich exemplarisch zu verstehen. Insgesamt gehen wir hier exemplarisch vor und beanspruchen nicht, einen Überblick über die umfangreiche Literatur zu geben.

(vgl. etwa Moody 1975/1976: 25 f.), hatten wir schon hingewiesen. Bei ihr müssen wir davon ausgehen, dass sie in einem Aspekt des universellen Kerns der Sterbenserfahrung: der *Unvorstellbarkeit*, gründet. Es muss hier unterschieden werden, zwischen dieser sachlich bestimmbaren Schwierigkeit, die Erfahrung zur Sprache zu bringen, und dem sprachrelativistischen Verständnis von Erfahrung, wie es sich etwa bei Knoblauch findet, der konstatiert: „Doch schon beim leisesten Versuch, die Wirklichkeit dieser Erfahrung zur Sprache zu bringen, fehlen die Worte.“ (1999/2002: 188), ohne zu reflektieren, dass hier eben eine Wirklichkeit angenommen werden muss, die zwar unabhängig von der Sprache der jeweiligen Kultur (s. aber a. a. O.: 116 u. 142), aber nicht unabhängig von Kultur überhaupt ist.

(b) Es ist zu vermuten, dass die in vielen Berichten von Sterbenserfahrungen auftauchenden Beschreibungen der Wahrnehmung des eigenen Körpers von außen – sogenannte *Out-of-Body-Experiences* – ebenfalls eine Antwort auf diese Erfahrung der Unvorstellbarkeit darstellen: Da der Sterbende sich selbst als verschwindend, als *nicht mehr da* erfährt, mobilisiert er eine fiktive Wahrnehmung seiner selbst von außen, die sich noch vorhandener Deutungsschemata bedient – etwa der Wahrnehmung als „Brustbild (wie sie selbst es von Darstellungen von Barockengelchen kennt)“ (Knoblauch/Schmied 1999: 194) –, in die dann sinnliche Wahrnehmungen und Deutungen der aktuellen Situation – Gespräche und Anweisungen der Ärzte etc. – eingefügt werden.

(c) Immer wieder wird berichtet, dass dem Sterbenden im Sterbeprozess *vertraute Personen* begegnen – seien dies enge Verwandte, Freunde, Lebende oder kürzlich Verstorbene. Vor dem Hintergrund unserer Analyse muss man dieses Auftreten von Bekannten als eine Gegenbewegung verstehen, die entweder – wenn es sich um Lebende handelt – die Sittlichkeit, die der Sterbende im Begriff ist zu verlassen, aufrechtzuerhalten sucht, oder die, wenn es sich um Verstorbene, „die andren Wandrer“ (Müller 1824/2002: 79413), handelt den Versuch darstellt, die Sittlichkeit in eine als Jenseits gedeutete Welt der Toten hinüberzuretten (vgl. S. 74, Fn. 77 und oben S. 64). Russell Noyes führt eine ähnliche Überlegung an: „Just as bereaved persons cling to symbolic representations of departed loved ones, so dying individuals may develop attachment to memories, symbols of their existence.“ (1979: 81 {85}) Allerdings führt seine Parallelisierung mit Trauernden in die Irre; wir müssen u. E. vom Umgekehrten ausgehen: die „loved ones“ werden beim Sterbenden nicht deshalb imaginiert, weil sie es sind, die vermisst werden,[16] sondern weil sie diejenigen sind, die am ehesten die Gewähr für die *Kontinuität der Sittlichkeit* geben.

In diesem Zusammenhang ist die in unserer Analyse feststellbare Gegenbewegung des Denkens an einen Verstorbenen der Elterngeneration (s. oben, S. 74) in mehrfacher Hinsicht interessant: In vielen Berichten über Sterbenserfahrungen wird, wie gesagt, das Auftreten von Verstorbenen erwähnt; sehr häufig ist dies die Mutter. Das Verschwinden der *„andere[n] Bewusstseine“* (s. o., S. 63) setzt offensichtlich – ähnlich wie das Verschwinden des eigenen Selbst – eine Gegenbewegung in Gang, die sich naheliegenderweise an der ersten primären Bezugsperson: der Mutter, festmacht, die dann – im Wissen um deren Gestorbensein – als mit dem Sterbenden interagierend erfahren wird. Dass auch andere Personen an diese Stelle treten, wäre fallspezifisch zu untersuchen.[17]

(d) Sowohl auf den Aspekt der verschwindenden Reziprozität wie auch auf den der verschwindenden Gegenständlichkeit muss man beziehen, was Moody beschreibt: „The medical personnel or other congregation around his physical body may look straight towards where he is, in his spiritual body, without giving the slightest sign of ever seeing him. His spiritual body also lacks solidity; physical objects in the environment appear to move through it with ease, and

16 Insofern wäre auch die Deutung der homerischen Vorstellung, die Burkhard Gladigow gibt, irreführend, wenn man sie von der Trauer- auf die Sterbenserfahrung übertrüge: „Die volle Bildlichkeit der homerischen Totenseele als *psyche* unterstreicht, welchen psychologischen Mechanismen sie ihre Entstehung verdankt: sie ist das Ergebnis eines typischen Vermissenserlebnisses“ (2002: 99; Kursiv. i. Orig.). Eher schon könnte mit Arnold Gehlen, auf den Gladigow sich bezieht, von „dem apriorischen Bedürfnis des Bewußtseins“ (1956/1986: 177) gesprochen werden, das hier auf die unabdingbare Reziprozität gerichtet ist – wenn nicht das Apriorische selbst noch aus der Erfahrung: der konstitutiven der Sozialisation, hervorgegangen wäre und somit zugleich „Bedürfnis“ als eine unangemessen psychologische Kategorie sich erwiese.

17 Für unseren Fall sei abkürzend erläuternd darauf verwiesen, dass die Mutter des Berichtenden bereits früh verstarb, er das Sterben des Vaters aber kein Jahrzehnt vor der eigenen Sterbenserfahrung begleitete. – Dass daraus aber ohne Analyse nicht generalisiert werden kann, zeigt der Bericht Stéphane Roussels, die in ihrer Sterbenserfahrung eine Vision ihrer früh verstorbenen Mutter erfuhr (1990/1994: 144-152).

it is unable to get a grip on any object or person he tries to touch.“ (Moody 1975/1976: 44 {86}) Hier wird die *Erfahrung des Nichts*, die wir in unserem Fall rekonstruierten, repräsentiert durch die *Non-Responsivität von Gegenständen* und anderen Personen; es stellen sich also gewissermaßen Kompromissbildungen ein, die beides: das Nicht-da-Sein der Gegenstände und das Festhalten an ihnen beinhalten – letzteres in der (imaginierten) visuellen Wahrnehmung, ersteres in der wahrgenommenen taktilen Nicht-Wahrnehmbarkeit.

(e) Hinzu kommt die Eigen-Erfahrung als „spiritual body“ {87}– wie immer dieser konkret erfahren wurde[18] – mit der minimal die *Kontinuität des Selbst* (vgl. Kellehear 1996: 37) aufrechtzuerhalten versucht wird: „the spiritual body is nonetheless *something*“(Moody 1975/1976: 46; Kursiv. i. Orig. {88}). – Sehr schön zeigt sich diese Kompromissbildung auch bzgl. der Erfahrung der nicht vorstellbaren Einsamkeit (s. o., S. 64): „I had the feeling of being lonesome because I wanted somebody to be there to experience it with me. But I knew nobody else could be there. [...] I was unable to touch anything, unable to communicate with any of the people around. It is an awesome, lonely feeling, a feeling of complete isolation. [...] It was like all relations were cut.“ (Moody 1975/1976: 54 {89})

(f) Die in vielen Berichten auftauchenden *Lebensrückblenden* stellen ebenfalls offensichtlich eine Gegenbewegung gegen das Versinken des Sterbenden selbst dar, die den Versuch bedeutet, die Kontinuität des Selbst aufrechtzuerhalten: „the life review ‚serves the self and its continuity‘ [Butler 1963: 75]“ (Kellehear 1996: 37 {90}). – Hiermit hängt ein weiterer Aspekt zusammen: der der Selbstrechtfertigung (vgl. Oevermann 1993: 178ff.; 2000: 131ff. u. dazu Loer 2007 a: 32-35). Die Kontinuität des Selbst wird subjektiv durch die Selbstrechtfertigung, also durch die wertbezogene Rekonstruktion der Entscheidungsgeschichte des Subjekts durch das Subjekt selbst, gestiftet. Was geschieht, wenn im Prozess des Sterbens diese Selbstrechtfertigung erschüttert wird, zeigt anschaulich und eindringlich Leo Tolstoi in seiner Erzählung „Der Tod des Iwan Iljitsch“: „Это-то оправдание своей жизни [: „что жизнь его была хорошая“] цепляло и не пускало

18 Moody spricht von „spiritual body“, um die berichtet Körpererfahrung zu bezeichnen, die in den Berichten in vielfältiger, kaum bestimmbarer Form auftritt (a. a. O.: 43). Weitere Forschung hätte Primärberichte auf die je spezifische Form dieser Gegenbewegung zu untersuchen.

его вперед и больше всего мучало его“ (Толстой 1886/2013, Кар. XII {91}). Erst das Zulassen des gegenteiligen Gedankens: „а что, как и в самом деле вся моя жизнь, сознательная жизнь, была ‚не то‘“ (a. a. O., Kap. XI {92}) und die praktische Umsetzung der Erkenntnis: „-- Да, все было не то,-- сказал он себе,-- но это ничего. Можно, можно сделать ‚то‘.“ (a. a. O., Kap. XII {93}), gibt dem Sterbenden die Ruhe, loszulassen: „-- Так вот что! -- вдруг вслух проговорил он. -- Какая радость! […] Он втянул в себя воздух, остановился на половине вздоха, потянулся и умер.“ (ebd. {94}) In der Regel ist die Sicherstellung der Kontinuität des Selbst mit einer inhaltlich spezifischen normativen Idee vom gelungenen Leben verbunden; die Erzählung Tolstois ist deshalb so aufschlussreich, weil er diese Idee auf ihren Kern hin: „‚то‘“ {95}, durchschaubar macht, der inhaltlich je spezifisch sich gestaltet; auch hierin kommt zum Ausdruck, das wohl nur Bewährung erfährt, wer eine Bewältigung der ultimativen Krise zu entwerfen und zu ergreifen vermag, die sich angesichts seiner Lebensgeschichte als seine eigene zeigt. – Entsprechend muss man die während des Sterbeprozesses erfolgende Lebensrückschau, von der offensichtlich häufig berichtet wird, deuten: „Lebenspanoramen können Rückblicke auf ausgewählte Ereignisse in der Vergangenheit sein, sie können in jeder Richtung zeitlich nacheinander angeordnet sein; sie können realistisch und in Farbe sein oder sehr weit weg und wie ein Schwarzweißfilm ablaufen. […] Diese Rückblicke scheinen keine sinnlosen Ansammlungen von Ereignissen zu sein, sondern veranschaulichen das Leben der Betroffenen, bringen es auf den Punkt oder ermöglichen es ihnen, es zu verstehen und zu bewerten.“ (Blackmore 1996/1999: 51) Vorbehaltlich genauer Analysen von Berichten über solche „Rückblicke“ kann hier angenommen werden, dass in ihnen eine *Gegenbewegung* nicht nur *gegen das Verschwinden des Selbst* sondern auch *gegen das aller Gegenständlichkeit* und *gegen die Auflösung aller sozialen Beziehungen* zum Ausdruck kommt und sie den einzig verbliebenen Bezugspunkt der Selbstrechtfertigung bieten. Die Überraschung über die Auflösung des Selbst hat offenbar den Effekt, nach einem verbleibenden Grund zu suchen: ‚Da war doch was!‘ Als solch eine Gegenbewegung beschreibt auch Russell Noyes die Lebensrückblicke: „persons about to lose their lives hold fast to memories of their existence, memories which are in reality a part of their being. […] A man’s existence becomes complete and unalterable with his death – not before it. At this moment a life, while stripped of potentialities, is rescued into the actuality of the past.“ (Noyes 1972: 179 {96})

Diese Rückblicke, die in unserem Material nicht auftauchten, sind offenbar weit verbreitet. Eine schon klassische Erzählung der Erfahrung eines Lebenspanoramas beginnt so: „Dann sah ich, wie auf einer Bühne in einiger Entfernung, mein ganzes vergangenes Leben in zahlreichen Bildern sich abspielen.“ (Heim 1891: 335) Eine kleine eindrückliche Sammlung davon – und weitere Hinweise – finden sich bei Russell Noyes und Roy Kletti (1977). Aber wie bei Albert Heim, so sind auch die meisten der von ihnen präsentierten Berichte solche über das Ereignis, das zum Sterben führt und die Empfindungen dabei. [19] Es ist eine Phase der expliziten Selbstrechtfertigung, die hier zu beobachten ist;[20] diese setzt aber voraus, dass nicht nur das Dasein des Subjekts, sondern auch das der anderen, jedenfalls als Quellen der ‚Mes‘, mitgedacht wird. Sie liegt also noch vor der Phase des Sterbens als des Verschwindens von Gegenständlichkeit überhaupt, sozialer Mitwelt und Selbst. Es findet sich in der Sammlung auch ein Bericht, der eine Übergangsphase darzustellen scheint: Die Erinnerungen an gute und schlechte Ereignisse und Erlebnisse kommen einem Verletzten ohne jede Kontrolle und er taucht eher in sie ein, als dass sie gedankliche Erwägungen darstellen (Noyes/Kletti 1977: 186 f.). Alles in allem aber handelt es sich, wie der Untertitel des zitierten Aufsatzes treffend sagt, um „A Response to the Threat of Death“ {99}, nicht um eine Antwort im Erfahren des Sterbens selbst.

19 A „phenomenon largely confined to persons who, as a result of sudden danger, believe that death is imminent.“ (Noyes/Kletti 1977: 192 {97})

20 Eindrucksvoll etwa in den Worten von Admiral Sir Francis Beaufort, der 1795 beinah ertrunken wäre: „Thus, traveling backwards, every past incident of my life seemed to glance across my recollection in retrograde succession; not, however, in mere outline, as here stated, but the picture filled up with every minute and collateral feature. In short, the whole period of my existence seemed to be placed before me in a kind of panoramic review, and each act of it seemed to be accompanied by a consciousness of right or wrong, or by some reflection on its cause or ist consequences; indeed, many trifling events which had been long forgotten then crowded into my imagination, and with the character of recent familiarity [Notice of Rear-Admiral Sir Francis Beaufort, London Daily News, January 15, 1858].“ (Noyes/Kletti 1977: 182 {98})

Aufschlussreich für die kulturspezifische Konstitution von Erfahrung ist die Beobachtung, dass es in bestimmten Kulturen keine Lebensrückschauen gibt: „In primitive and archaic religions such as those of Native Americans, Australian aborigines, and many Pacific cultures, the distinction beween self and the world is less explicit.“ (Kellehear 1996: 38 {100}) Genaue Untersuchungen müssten hier der Frage nachgehen, ob hier unter Umständen auch das Verschwinden des Selbst so nicht erfahren wird, ob u. U. die soziale Welt und das Selbst nicht sukzessiv vergehen, sondern uno actu – so dass entsprechende Gegenbewegungen auch entsprechende Formen annehmen müssten. Auch dass hier die Last der Entscheidung und die der Selbstrechtfertigung nicht auf den Schultern des Individuums lastet, drückt sich hier aus. Dies ließe sich allerdings nur durch eine genaue Analyse der konkreten Berichte und Erzählungen, nicht aber durch deren klassifikatorischen Abgleich mit vorgegebenen Merkmalskategorien, wie es in dem entsprechenden Abschnitt „Near-Death Experiences Across Cultures“ bei Kellehear (1996: 22-41 {101}) geschieht.

(g) Wenn Allan Kellehear herausstellt, „that tunnel experiences are not cross-cultural but that a period of darkness may be. This darkness is then subject to culture-specific interpretations: a tunnel for Westerners, subterranean caverns for Melanesians, and so on.“ (1996: 35 {102}) und „that NDErs are attempting to describe some kind of movement through darkness“ (a. a. O.: 38 {103}) indem sie ihre Erfahrung in das Bild des Tunnels bringen, so ist auf der Basis unserer Analyse zweierlei zu beachten: Zum einen lässt sich aus dem von uns analysierten Bericht entnehmen, dass es sich um eine *Tunnelerfahrung* handelt und nicht um eine Dunkelheitserfahrung, die in das Bild eines Tunnels gebracht wurde; zum anderen ist noch einen Schritt weiter zu fragen, was denn Dunkelheit im Tunnel bedeutet und ob sie ggf. etwas gemeinsam hat mit dem Weiß des Tunnels aus dem hier analysierten Bericht. Das Gemeinsame ist die Abwesenheit von Farbe,[21] worin sich in Verbindung mit dem Abgeschirmtsein von allem Außen durch den Tunnel das Verschwinden der sinnlich wahrnehmbaren Außenwelt ausdrückt. Die Beschreibungen von Sterbenserfahrungen wären also darauf hin zu untersuchen, ob und wie in ihnen die Erfahrung des *Verschwindens der Außenwelt* zum Ausdruck kommt – was auch durch Gegenbewegung geschehen kann.

21 Zum Weiß s. o., S. 48.

Ohne weitere Untersuchung lässt sich natürlich nicht belegen, was aber doch in diesem kursorischen Überblick als nicht unplausibel sich erweist: dass die kulturspezifischen Ausformungen von Berichten über das Sterben Bewältigungsversuche und Antworten bilden (s. o., S. 66 f.), die eine Reaktion auf den universellen Kern der Sterbenserfahrung darstellen,[22] die man aufgrund ihrer Funktion, dem nicht vorstellbaren Verschwinden von Gegenständlichkeit überhaupt, Reziprozität und Selbst, einen Ausdruck zu geben und ihm eben damit doch zu einer Vorstellung zu verhelfen, durchgängig als *Kompensationsphantasien* begreifen muss.

Dieser – naheliegende – Terminus ist, soweit uns feststellbar war, bisher nicht begrifflich verwendet worden.[23] – Es fand sich allerdings der Begriff – etwas anders terminologisch gefasst – durchaus prima vista vergleichbar bei Oskar Pfister: „Die Überwindung der gräßlichen Gegenwart durch ein wundervolles autistisches Gebilde [sc: „Der vom Luftdruck der explodierenden Granate zu Boden geschleuderte Offizier sieht sich in der Eisenbahn oder im Auto durch eine herrliche Gegend fahren und erblickt sein Leben in schönem Licht.“] ist hier am vollkommensten gelungen; darum behauptet dieser Wahrnehmungsersatz sich am eindrucksvollsten und wohl auch längsten im Bewußtsein des Verunglückten, der von lauter getöteten Kameraden umringt ist. Es handelt sich bei diesem […] trefflich geglückten Versuch einer Wirklichkeitsentwertung um eine kompensatorische, lustvolle Kontrastvorstellung, die sich an die Stelle der grauenerregenden wirklichkeitsgetreuen Sinneswahrnehmung drängt.“ (Pfister 1930: 442; Sperrung i. Orig.)[24] – Allerdings zeigt sich bei näherer Betrachtung dann doch eine Differenz: Man kann

22 Vgl.: „NDEs are surprisingly common, normal responses to uncommon, unusual circumstances.“ (Kellehear 1996: 42 {104})

23 Nachdem wir ihn entwickelt hatten, ergab die Literaturrecherche eine Stelle bei Otto Rank, an der er ihn in ähnlicher Weise benutzt (1923: 449; 1926: 125). Etwas anders ausgerichtet fand sich der Terminus dann noch bei C. G. Jung, wo er den Einwand „Mythen und Träume über eine Kontinuität des Lebendigen nach dem Tode seien lediglich *kompensierende Phantasien,* die in unserer Natur liegen“ (1961/1997: 307; Kursiv. hinzugefügt, TL), als unzureichend zurückweist.

24 Das Bemühen um Aufrechterhaltung der Ich-Identität beschreibt Pfister psychoanalytisch wie folgt: „Wir sehen im Todesschock […] die Ichtriebe nach Lebenserhaltung ringen.“ (1930: 450)

in unserem Zusammenhang nicht von „Derealisation“ im herkömmlichen Sinne (Pfister 1930: 445) sprechen, da ja das Verschwinden der Realität überhaupt und das Selbstverlöschen kompensiert wird; es wird durch die Kompensationsphantasie nicht eine *andere* Realität erzeugt, die die peinliche Realität verdeckt; die Kompensationsphantasie stellt vielmehr den Versuch dar, sich *überhaupt* einer Realität zu versichern – insbesondere derjenigen der fundamentalen Reziprozität und damit der Kontinuität des Selbst, das immer ein je spezifisches ist und hier, im Selbstverlöschen, ein letztes Mal sich gestaltet.[25]

25 Die „Ewigkeitsforderung“, die Freud als „ein Erfolg unseres Wunschlebens“ bezeichnet (1916/1981: 358), hat eine vergleichbare Struktur, nur bezieht sie sich auf „die Hinfälligkeit alles Schönen und Vollkommenen“ und ist eine Gegenbewegung dazu, „daß all diese Herrlichkeiten der Natur und der Kunst, unserer Empfindungswelt und der Welt da draußen, wirklich ins Nichts zergehen sollten.“ (ebd.)

5 Schluss

Wenn wir den Tod soziologisch nicht lediglich negativ bestimmen wollen, müssen wir auch über so weitreichende Darlegungen noch hinausgelangen, wie wir sie bei Alois Hahn finden: „Würde man den ‚Tod' – als Gegenstand wissenschaftlicher Betrachtung – streng soziologisch definieren, müßte man ihn (bezogen auf die Überlebenden) als den totalen, irreparablen und dauernden Abbruch jeglicher aktueller wechselseitiger Beziehungen zu einem Menschen (dem Verstorbenen) bestimmen." (1968: 95) Indem Hahn hier zwar einerseits von dem „Abbruch jeglicher [...] *wechselseitiger* Beziehungen" (Kursiv. hinzugefügt) spricht, andererseits aber im Moment des Abbruchs von einer Seite: der des Sterbenden eben, absieht – wenn es sich um den „Verstorbenen" handelt, ist dessen „Abbruch" ja bereits vollzogen –, blendet er ein Element der Beziehung und zwar eben den Sterbenden als Handelnden aus. Diese Seite kann man nur in den Blick nehmen, wenn man anerkennt, dass das Sterben nur als inkomplettes Spuren hinterlässt, die aufschlussreich für den Prozess des Sterbens sind und methodisch aufgeschlossen werden können. Wir haben hier versucht, uns dem Sterben mittels eines Protokolls zu nähern, in dem eine Sterbenserfahrung zum Ausdruck kam, was, wie mehrfach betont, zur Voraussetzung hatte, dass das Sterben nicht zum Abschluss gekommen ist.[1] Da ein anderer Zugang nicht möglich ist, haben wir uns mit dieser Annäherung beschieden – gemäß der Einsicht de Montaignes: „Si nous ne la [sc.: la mort] pouvons joindre, nous la pouvons approcher" (1588/2007: 389 {105}).

Dies erlaubte uns die Rekonstruktion eines Begriffs der Sterbenserfahrung, der wie alle Konzeptbildung als vorläufig betrachtet werden muss, anhand dessen wir aber eine Deutung der vielfältigen Berichte über „Nah-Tod-Erfahrungen" plausibilisieren konnten, die diesen Begriff ihrerseits als tragfähig erscheinen lässt. Die vielfältigen Erscheinungen und Empfindungen, die in der reichhaltigen Literatur zu „Nah-Tod-Erfahrungen" beschrieben, berichtet, selten wie-

1 „Es geht also bei den in der Literatur untersuchten Fällen [...] um eine bestimmte Lebensphase: um die möglicherweise letzte Zeitspanne von wenigen Sekunden oder Minuten zwischen dem klinischen »Tod« und dem biologischen Tod – was Menschen da gesehen, gehört, durchlebt haben." (Küng 1982/1988: 36)

dergegeben werden, lassen sich ad interim als Antworten auf das Problem, das sich dem Sterbenden im Sterben stellt: die *Erfahrung der nicht vorstellbaren Gegenstandslosigkeit im Sinne der völligen Abwesenheit von allem, der nicht vorstellbaren Einsamkeit im Sinn der völligen Abwesenheit von anderen* und *des nicht vorstellbaren Selbst-nicht-mehr-da-Seins*, begreifen. Die Gestalt, die diese Antworten annehmen, kann man – sofern die Datenlage eine angemessene Bestimmung zulässt – durchgängig als *Kompensationsphantasien* begreifen. Das Determinatum des Kompositums mag nahelegen, den Kompensationsphantasien würde damit der Realitätscharakter abgesprochen. Das ist keineswegs der Fall. Nur lässt sich die Differenz zwischen Phantasie und Realität nicht mehr machen,[2] da eine Bewährung des Entwurfs aufgrund des eintretenden Todes ausgeschlossen ist (s. o., S. 94).

Auffällig ist, dass in der protokollierten Sterbenserfahrung, von der wir ausgingen, nicht, wie etwa in der Auflistung von Joshua Durban (s. o., S. 85, Fn. 2) Angst der dominante Gefühlsmodus ist, sondern Überraschung, und dass nicht, wie in den meisten in der Literatur aufzufindenden Berichten, Kompensation angestrebt wird. Möglicherweise handelt es sich hier um ein fallspezisches Moment, das man so umschreiben kann, dass unser Subjekt des Sterbens aus der traumatischen und der Entscheidungskrise eine Krise durch Muße (s. o., S. 92) machte und neugierig, habituell als Forscher gewissermaßen, sich dem Unbekannten unpraktisch zuwandte:[3] „Der Tod

2 Diese Ungeschiedenheit ist vergleichbar derjenigen, die Eugène Delacroix in seinem Gemälde ‚Fantasia arabe' (1833, Städelmuseum, Frankfurt; s. http://www.staedelmuseum.de/sm/index.php?StoryID=1046&ObjectID=193; zuletzt angesehen am 7. Mai 2014) gestaltet (vgl. Loer 1993 u. 1994).

3 Die Kehrseite des unpraktischen Forschers: seine Lebensuntüchtigkeit, die sich hier zeigt, hätte wohl die Möglichkeit eines Berichts verhindert, wenn er nicht sich hätte darauf verlassen können, dass Andere für sein Leben sorgen. – Die für eine wissenschaftliche Haltung zur Welt unabdingbare Muße wurde als praktische Unbeholfenheit oft karikiert. Ein aufschlussreiches Beispiel ist das folgende: „Sollte ein Student oder ein Professor in jenem Zustand sich befinden, der ihm eigentlich angemessen ist, nämlich in Gedanken sein, so steht darauf unmittelbar die Drohung des Todes", schrieb Adorno einmal in einem Leserbrief, in dem er „auf Mißstände

[…] ist das Furchtbarste […]. Aber nicht das Leben, das sich vor dem Tode scheut und von der Verwüstung rein bewahrt, sondern das ihn erträgt und in ihm sich erhält, ist das Leben des Geistes. Er gewinnt seine Wahrheit nur, indem er in der absoluten Zerrissenheit sich selbst findet. Diese Macht ist er nicht als das Positive, welches von dem Negativen wegsieht, wie wenn wir von etwas sagen, dies ist nichts oder falsch, und nun, damit fertig, davon weg zu irgend etwas anderem übergehen; sondern er ist diese Macht nur, indem er dem Negativen ins Angesicht schaut, bei ihm verweilt." (Hegel 1807/1970: 36)

Das Problem des Sterbens wie des Todes ist universell und angesichts der Zukunftsoffenheit, die die Gattung Mensch konstituiert, muss jede humane Praxis dieses Problem lösen. In Bezug auf das Weiterleben nach dem Tod und die Antworten sogenannter primitiver Völker hält James George Frazer fest: „Thus the beliefs of primitive peoples on the subject of immortality present a considerable variety of choice to any one who might undertake to found a new religion; he might adopt the democratic doctrine of immortality for everybody; or the aristocratic doctrine of immortality only for noble men; or the moral doctrine of immortality only for the good; or the immoral doctrine of immortality only for the bad; or lastly, the blighting doctrine of immortality for nobody. One of these alternatives must surely be right, since taken together they seem to exhaust the possibilities of survival after death; but which of them is the true solution of this profound problem it is not for the simple-minded anthropologist to decide." (1933/1977: 8 {106}) – Was Frazer hier über den Anthropologen sagt, gilt – nicht wegen der Einfältigkeit, sondern wegen seiner Handlungsentlastetheit als Wissenschaftler – auch für den Soziologen und so auch für die hier vorgelegte Studie. Es geht also keineswegs

der Verkehrsregelung auf der Senckenberganlage dort, wo sie an der Universität vorbeiführt" aufmerksam machte und „verkehrstechnische und polizeiliche Maßnahmen [als] dringend notwendig" deklarierte. (Adorno 1962/2003) Die Bemühungen, denen Adorno ob ihrer Fruchtlosigkeit den Leserbrief folgen ließ (dokumentiert in: Schütte 2003: 237-240; der Leserbrief tat unterschwellig – vielleicht als Flaschenpost – nach 25 Jahren seine Wirkung – a. a. O.: 236, 241), zeigen allerdings, wie dieser selbst, dass Adorno sehr wohl engagiert dazu beitrug, der Wissenschaft den Freiraum zu verschaffen, den sie gerade wegen ihrer systematischen Lebensuntüchtigkeit benötigt.

darum, „Sinn in den Tod" zu werfen (Adorno 1964: 134) oder gar, weil sich zuschloss, „was einmal die Pforte zum ewigen Leben war, [...] Wucht und Größe des Tores an[zubeten]" (ebd.). Wenn sie allein dazu beitragen konnten, das Nachdenken über diese grundlegende Menschheitsfrage durch Anschaulichkeit zu bereichern und mit begrifflicher Klarheit zu befördern, haben die vorliegenden Ausführungen viel erreicht.

Literatur

Adorno, Theodor W. (1931/1973): Die Aktualität der Philosophie. In: ders., Philosophische Frühschriften, Frankfurt/M.: Suhrkamp, 325-344 [Gesammelte Schriften, Bd. 1]

– (1954/1981): Der Standort des Erzählers im zeitgenössischen Roman. In: ders., Noten zur Literatur. Frankfurt/M.: Suhrkamp 1981: 40-48

– (1956/1972): Zur Metakritik der Erkenntnistheorie. Studien über Husserl und die phänomenologischen Antinomien. Frankfurt/M.: Suhrkamp

– (1962/2003): Gefährliche Senkenberganlage [Leserbrief, Faksimile]. In: Schütte 2003: 240

– (1964): Jargon der Eigentlichkeit. Zur deutschen Ideologie. Frankfurt/M.: Suhrkamp

– (1966/1982): Negative Dialektik. Frankfurt/M.: Suhrkamp

Assmann, Jan; Trauzettel, Rolf (ed.) (2002): Tod, Jenseits und Identität. Perspektiven einer kulturwissenschaftlichen Thanatologie. Freiburg, München: Verlag Karl Alber

Baudelaire, Charles (1861/1975): Les fleurs du Mal [1861]. In: ders., Œuvres complètes. I, Paris: Gallimard, 1-145

Becker, C. B. (1982): The failure of Saganomics: why birthmodels cannot explain near-death phenomena. In: Anabiosis: 102-109

Bender, Hans (1983): Probleme der Sterbeforschung – Zum Thema Thanatologie. In: ders., Zukunftsvisionen, Kriegsprophezeiungen, Sterbeerlebnisse, München: Piper, 23-50

Benn, Gottfried (1955/1982): Kommt –. In: ders., Gedichte in der Fassung der Erstdrucke, Frankfurt/M.: Fischer Taschenbuch Verlag, 467 [Gesammelte Werke in der Fassung der Erstdrucke, Bd. 1]

Blackmore, Susan (1996/1999): Neurophysiologische Erklärungen der Nah-Todeserfahrung. In: Knoblauch/Soeffner 1999: 37-63

Blumenberg, Hans (1979): Schiffbruch mit Zuschauer. Paradigma einer Daseinsmetapher. Frankfurt/M.: Suhrkamp

Bohrer, Karl Heinz (1973): Der Lauf des Freitag. Die lädierte Utopie und die Dichter. Eine Analyse. München

– (1981): Plötzlichkeit. Zum Augenblick des ästhetischen Scheins. Frankfurt/M.: Suhrkamp

Bowker, John (ed.) (1999): Das Oxford-Lexikon der Weltreligionen. Darmstadt: WBG (Für die deutschsprachige Ausgabe übersetzt und bearbeitet von Karl-Heinz Golzio)

Brockhaus (Zwanzigste, überarb. u. aktualis. Aufl. 1999): Zweiundzwanzigster Band THEM–VALK. Leipzig, Mannheim: F.A. Brockhaus [Brockhaus – Die Enzyklopädie in vierundzwanzig Bänden]

Bühler, Karl (1924/1982): Sprachtheorie. Die Darstellungsfunktion der Sprache. Stuttgart, New York: Gustav Fischer Verlag

Butler, R. N. (1963): The Life Review: An Integration of Reminiscence in the Aged. In: Psychiatry: 65-76

Cazeneuve, Jean (1958): Les rites et la condition humaine d'apres des documents ethnographiques. Paris: Presses Universitaires de France

Davidson, Donald (1974/2001): On the Very Idea of a Conceptual Scheme. In: ders. 1984/2001: 183-198

– (1984/2001): Inquiries into Truth and Interpretation. Oxford: Clarendon Press

Devereux, Georges (1967/1984): Angst und Methode in den Verhaltenswissenschaften. Frankfurt/M.: Suhrkamp (Übersetzt von Caroline Neubaur und Karin Kersten)

Drosdowski, Günther (ed.) (4. Aufl. 1984): Duden. Grammatik der deutschen Gegenwartssprache. Mannheim, Leipzig, Wien, Zürich: Dudenverlag [Der Duden in 12 Bänden. Bd. 4]

Droysen, Johann Gustav (1937/1960): Historik. Vorlesungen über Enzyklopädie und Methodologie der Geschichte. Hg. v. Hübner, Rudolf. München, Berlin: Oldenbourg

Dudenredaktion (ed.) (21. Aufl. 1996): Duden. Rechtschreibung der deutschen Sprache. Mannheim, Leipzig, Wien, Zürich: Dudenverlag [Der Duden in 12 Bänden. Bd. 1]

Dupuis, Jacques (1987): Au nom du père. o. O.: Le Rocher

Durban, Joshua (2012): Vergänglicheit und die inneren Beziehungen zum Todesobjekt. In: Nissen 2012, 107-133

Eisenberg, Peter (1998): Das Wort. Stuttgart, Weimar: Verlag J.B. Metzler [Grundriß der deutschen Grammatik, Bd. 1]

– (2001): Der Satz. Stuttgart, Weimar: Verlag J.B. Metzler [Grundriß der deutschen Grammatik, Bd. 2]

Eissler, K. R. (1955): The psychiatrist and the dying patient. New York: International Universities Press

Elias, Norbert (1982): Über die Einsamkeit der Sterbenden in unseren Tagen. Frankfurt/M.: Suhrkamp

Encyclopædia Britannica (2014): death. In: Encyclopædia Britannica Ultimate Reference Suite. Chicago: Encyclopædia Britannica

Epikur (1997): Brief an Menoikeus. In: ders., Briefe. Sprüche. Werkfragmente. Griechisch/deutsch, Stuttgart: Philipp Reclam jun., 40-51

Fox, Mark (2003): Religion, Spirituality and the Near-Death Experience. London: Routledge (http://de.scribd.com/doc/73251541/Religion-Spirituality-and-the-Near-Death-Experience; zuletzt angesehen am 15. Jan. 2014)

Frazer, James George (1933/1977): The Fear of the Dead in Primitive Religion. Lectures Delivered on the William Wyse Fondation at Trinity College, Cambridge 1932-1933. New York: Arno Press [The Fear of the Dead in Primitive Religion, Volumes One, Two and Three, Bd. I]

Freud, Sigmund (1913/1990): Einige Bemerkungen über den Begriff des Unbewußten in der Psychoanalyse. In: ders., Werke aus den Jahren 1909–1913, Frankfurt/M.: S. Fischer Verlag, 429-439 [Gesammelte Werke, Bd. 8]

– (1915/1981): Zeitgemäßes über Krieg und Tod. In: ders., Werke aus den Jahren 1913–1917, Frankfurt/M.: S. Fischer, 323-355 [Gesammelte Werke, Bd. 10]

– (1916/1981): Vergänglichkeit. In: ders., Werke aus den Jahren 1913–1917, Frankfurt/M.: S. Fischer, 357-361 [Gesammelte Werke, Bd. 10]

– (1924/1955): Zur Pychopathologie des Alltagslebens. London: Imago Publishing Co., Ltd. [Gesammelte Werke, Bd. 4]

– (1996): Tagebuch 1929-1939. Kürzeste Chronik. Herausgegeben und eingeleitet von Michael Molnar, Freudmuseum London. Übersetzt ins Deutsche von Christfried Tögel. Frankfurt/M.

Frisch, Max (1979/1981): Triptychon. Drei szenische Bilder. In: ders., Stücke 2, Berlin: Verlag Volk und Welt, 323-389

Gehlen, Arnold (1956/1986): Urmensch und Spätkultur. Philosophische Ergebnisse und Aussagen. Wiesbaden: AULA-Verlag

Gladigow, Burkhard (2002): Bilanzierungen des Lebens über den Tod hinaus. In: Assmann/Trauzettel: 90-109

Glaser, Barney G.; Strauss, Anselm (1965): Awareness of Dying. Chicago; London: Aldine; Weidenfeld and Nicolson

–; – (1965/1974): Interaktion mit Sterbenden. Beobachtungen für Ärzte, Schwestern, Seelsorger und Angehörige. Göttingen: Vandenhoeck & Ruprecht

–; – (1968): Time for Dying. Chicago; London: Aldine; Weidenfeld and Nicolson

Goldenweiser, A. A. (1913): The Principle of Limited Possiblities in the Development of Culture. In: Journal of American Folklore 101: 259-290

Greyson, Bruce (2009): Near-death experiences and deathbed visions. In: Kellehear, Allan (ed.), The Study of Dying, Cambridge: Cambridge University Press, 253-275

Grimm, Jacob; Grimm, Wilhelm (1843/2012): Der Gevatter Tod. In: dies., Märchen 1, Leipzig: Haffmans Verlag bei Zweitausendeins, 179-282 [Kinder- & Hausmärchen. Ganz große Ausgabe in 3 Bänden, Bd. 1]

– (1889/1984): Siebenter Band. N – Quurren. München: Deutscher Taschenbuch Verlag (Bearbeitet von Matthias von Lexer. Leipzig: S. Hirzel 1889) [Deutsches Wörterbuch, Bd. 13]

– (1893/1991): Deutsches Wörterbuch. Achter Band. R – Schiefe. München: Deutscher Taschenbuch Verlag (Bearbeitet von und unter Leitung von Moritz Heyne. Leipzig: Hirzel 1893. Reprint als: Deutsches Wörter-

buch von Jacob und Wilhelm Grimm. Band 14) [Deutsches Wörterbuch, Bd. 14]
– (1897/1984): Vierten Bandes Erste Abteilung Zweiter Theil. Gefoppe – Getreibs. München: Deutscher Taschenbuch Verlag (Bearbeitet von Rudolf Hildebrand und Hermann Wunderlich) [Deutsches Wörterbuch, Bd. 5]
– (1922/1991): W – Wegzwitschern [-zwiesel]. München: Deutscher Taschenbuch Verlag (Bearbeitet von Karl Bahder und Mitwirkung von Hermann Sickel) [Deutsches Wörterbuch, Bd. 27]
– (1936/1984): Elfter Band. II. Abteilung. U – Umzwingen. München: Deutscher Taschenbuch Verlag (Bearbeitet von Victor Dollmayr und der Arbeitsstelle des Deutschen Wörterbuchs) [Deutsches Wörterbuch, Bd. 23]
– (1956/1991): Zwölfter Band. I. Abteilung. V – Verwunzen. München: Deutscher Taschenbuch Verlag (Bearbeitung von E. Wülcker, R, Meiszner, M. Leopold, C. Weele und der Arbeitsstelle des Deutschen Wörterbuches zu Berlin. Leipzig: S. Hirzel 1956) [Deutsches Wörterbuch, Bd. 25]
Gustafsson, Lars (1970/1985): Der Tod als Mystifikation. In: ders., Utopien. Essays, Frankfurt/M., Berlin, Wien: Ullstein Materialien, 71-81
Habermas, Jürgen (1970/1982): Der Universalitätsanspruch der Hermeneutik (1970). In: ders., Zur Logik der Sozialwissenschaften, Frankfurt/M.: Suhrkamp, 331-366
Hahn, Alois (1968): Einstellungen zum Tod und ihre Soziale Bedingtheit. Eine Soziologische Untersuchung. Stuttgart: Ferdinand Enke Verlag
– (1989): Mort et civilisation chez Simmel. In: Beiträge der Georg-Simmel-Gesellschaft 12: 1-9
– (1993): L'idée de la mort chez Max Scheler. In: Montandon-Binet, Christiane; Montandon, Alain (ed.), Savoir mourir, Paris, 219-232
– (1995): Tod und Zivilisation bei Georg Simmel. In: Feldmann, Klaus; Fuchs-Heinritz, Werner (ed.), Der Tod ist ein Problem der Lebenden. Beiträge zur Soziologie des Todes, Frankfurt/M.: Suhrkamp, 80-95
– (1996): Unendliches Ende: Höllenvorstellungen in soziologischer Perspektive. In: Stierle, Karlheinz; Warning, Rainer (ed.), Das Ende. Figuren einer Denkform (Poetik und Hermeneutik; 16), München: Wilhelm Fink Verlag, 155-182
– (2002 a): Tod und Sterben in soziologischer Sicht. In: Assmann/Trauzettel: 55-89
– (2002 b): Tod und Weiterleben in vergleichender soziologischer Sicht. In: Assmann/Trauzettel: 575-587
–; Hoffmann, Matthias (2007): Der Tod und das Sterben als soziales Ereignis. In: Transit: 5-24

–; – (2009): Der Tod und das Sterben als soziales Ereignis. In: Klinger 2009 a: 121-144
–; – (2012): Selbsttötung als Selbstsorge. In: Merkur 757: 550-557
Hamburger, Käte (1951/1987): Die Logik der Dichtung. München: Klett-Cotta im Deutschen Taschenbuch Verlag
Hegel, Georg Friedrich Wilhelm (1807/1970): Phänomenologie des Geistes. Frankfurt/M.: Suhrkamp [Werke in 20 Bänden, Bd. 3]
– (1827/1970): Über die unter dem Namen Bhagavad-Gita bekannte Episode des Mahabharata von Wilhelm von Humboldt. Berlin 1826 [1827]. In: ders., Berliner Schriften 1818–1831, Frankfurt/M.: Suhrkamp, 131-204 [Werke in 20 Bänden, Bd. 11]
Heim, Alb: (1891): Notizen über den Tod durch Absturz. In: Jahrbuch des Schweizer Alpen-Clubs, 27 Jg., H. 1: 327-337
Heyse, Johann Christian August (1838/1972): Theoretisch-praktische deutsche Grammatik oder Lehrbuch der deutschen Sprache. Erster Band. Hildesheim, New York: Georg Olms Verlag
Hummel, Reinhart (1988): Reinkarnation. Weltbilder des Reinkarnationsglaubens und das Christentum. Stuttgart: Matthias-Grünewald-Verlag
Ignatieff, Michael (1993/1995): Die Lichter auf der Brücke eines sinkenden Schiffs. Geschichte einer Familie. Frankfurt/M.: Insel Verlag (übersetzt von Werner Schmitz)
Jaspers, Karl (1913/1948): Allgemeine Psychopathologie. Berlin, Heidelberg: Springer
Jüngel, Eberhard (1976/1978): Der Tod als Geheimnis des Lebens. In: Paus, Ansgar (ed.), Grenzerfahrung Tod, Frankfurt/M.: Suhrkamp, 9-39
Jung, C. G. (1961/1997): Erinnerungen, Träume, Gedanken. Hg. v. Jaffé, Aniela. Zürich, Düsseldorf: Walter Verlag
Kandinsky, Wassily (1957): Elementaranalyse. In: Hess, Walter (ed.), Dokumente zum Verständnis der modernen Malerei, Hamburg: Rowohlt, 90 f.
Kant, Immanuel (1781/o.J.): Kritik der reinen Vernunft. Hg. v. Schmidt, Raymund. Wiesbaden: VMA-Verlag (Ehemalige Kehrbachsche Ausgabe)
– (1800/1978): Anthropologie in pragmatischer Hinsicht. In: ders., Schriften zur Anthropologie, Geschichtsphilosophie, Politik und Pädagogik 2, Frankfurt/M.: Suhrkamp, 395-690 [Werkausgabe, Bd. 12]
Kastenbaum, Robert (1977): Temptations from the ever after. In: Human Behavior: 28-33
Kellehear, Allan (1996): Experiences Near Death. Beyond Medicine ad Religion. New York, Oxford: Oxford University Press
– (2002): Near-Death Experiences. In: Macmillan Encyclopedia of Death and Dying (http://www.encyclopedia.com/topic/near-death_experience.aspx; zuletzt angesehen am 22. Okt. 2013)

– (2007): A Social History of Dying. Port Melbourne: Cambridge University Press

Keller, Gottfried (1849/1958): [Ich hab in kalten Wintertagen]. In: ders., Gedichte, Berlin, 263 [Sämtliche Werke in acht Bänden, Bd. 1] (http://www.zeno.org/Literatur/M/Keller,+Gottfried/Gedichte/Neuere+Gedichte/Aus+der+Brieftasche/1.+%5BIch+hab+in+kalten+Wintertagen%5D; zuletzt angesehen am 25. März 2014)

Kelly, Emily Williams; Greyson, Bruce; Stevenson, Ian (1999): Beweisen Todesnäheerfahrungen das Überleben der menschlichen Persönlichkeit nach dem Tod? In: Knoblauch/Soeffner 1999: 101-127

Klinger, Cornelia (ed.) (2009 a): Perspektiven des Todes in der modernen Gesellschaft, Wien; Berlin: Böhlau Verlag; Akademie Verlag

– (2009 b): Perspektiven des Todes in der modernen Gesellschaft. Zur Einführung. In: Klinger 2009 a: 7-10

Knoblauch, Hubert (1999/2002): Berichte aus dem Jenseits. Freiburg i. Br.: Herder

– (2008): Zwischen Natur und Kultur: Das Subjekt der Nahtoderfahrung und die Grenzen der Konstruktion. In: Rehberg, Karl-Siegbert (ed.), Die Natur der Gesellschaft. Verhandlungen des 33. Kongresses der Deutschen Gesellschaft für Soziologie in Kassel 2006. Teilband 1, Frankfurt/M., New York: Campus Verlag, 671-683

– (2012): Vorwort zur Neuauflage 2012. In: ders., Begegnungen mit dem Jenseits. Die Botschaft der Nahtod-Berichte, Freiburg i. Br.: Aira, 13 f.

–; Schmied, Ina (1999): Berichte aus dem Jenseits. Eine qualitative Studie zu Todesnäheerfahrungen im deutschsprachigen Raum. In: Knoblauch/Soeffner 1999: 187-215

–; – Schnettler, Bernt (1999): Einleitung: Die wissenschaftliche Erforschung der Todesnäheerfahrung. In: Knoblauch/Soeffner 1999: 9-34

–; Soeffner, Hans-Georg (ed.) (1999): Todesnähe. Wissenschaftliche Zugänge zu einem außergewöhnlichen Phänomen. Konstanz: UVK

Kraft, Herbert (1978): Exkurs: Über auktoriales und personales Erzählen. In: ders., Um Schiller betrogen, Pfullingen: Neske, 48-58

Kübler-Ross, Elisabeth (1969/1998): Interviews mit Sterbenden. Gütersloh: Gütersloher Verlagshaus

Küng, Hans (1982/1988): Ewiges Leben? München, Zürich: Piper

Lachmann, Renate (1984): Ebenen des Intertextualitätsbegriffs. In: Stierle, Karlheinz; Warning, Rainer (ed.), Das Gespräch (Poetik und Hermeneutik; 11), München: Wilhelm Fink Verlag, 133-138

Lettke, Frank; Eirmbter, Willy H.; Hahn, Alois; Hennes, Claudia; Jacob, Rüdiger (1999): Krankheit und Gesellschaft: zur Bedeutung von Krankheitsbildern und Gesundheitsvorstellungen für die Prävention. Konstanz: UVK Verlagsgesellschaft mbH

Lévi-Strauss, Claude (1983): Le regard éloigné. Paris: Plon

– (1983/1985): Der Blick aus der Ferne. München: Fink (Übersetzt von Hans-Horst Henschen und Joseph Vogl, Mit einem Bildteil von Anita Albus)
–; Eribon, Didier (1988): De près et de loin. Paris: Odile Jacob
–; – (1988/1989): Das Nahe und das Ferne. Eine Autobiographie in Gesprächen. Frankfurt/M.: S. Fischer (Aus dem Französischen von Hans-Horst Henschen)
Loer, Thomas (1993): Ästhetik im Ausgang vom Werk. Eugène Delacroix: Fantasie arabe (1833). Exemplarische Überlegungen. In: Zeitschrift für Ästhetik und allgemeine Kunstwissenschaft: 154-170
– (1994): Eugène Delacroix: Fantasia arabe. Frankfurt/M.: Städelsches Kunstinstitut und Städtische Galerie (Kleine Werkmonographie 92)
– (2004 a): Rückstände im Kraftwerk? Ein Kunstwerk als Dokument – Schwierigkeiten beim Versuch, ein Werk der Bildenden Kunst als »Ego-Dokument« zu deuten. In: Häder, Sonja (ed.), Der Bildungsgang des Subjekts. Bildungstheoretische Analysen, Weinheim, Basel: Beltz, 100-114
– (2004 b): Death as the ultimate crisis – dying as the final act, Vortrag auf dem Annual Meeting of the American Ethnological Society, Atlanta/ Georgia, April 22-25, 2004, Thema „Crises" (unveröff. Ms.)
– (2006): Streit statt Haft und Zwang – objektive Hermeneutik in der Diskussion. Methodologische und konstitutionstheoretische Klärungen, methodische Folgerungen und eine Marginalie zum Thomas-Theorem. In: sozialer sinn 2: 345-374
– (2007 a): Die Region. Eine Begriffsbestimmung am Fall des Ruhrgebiets. Stuttgart: Lucius & Lucius
– (2007 b): Zwischen Strategie und Argument. Misslichkeiten der sogenannten qualitativen Sozialforschung. In: Erwägen Wissen Ethik 2: 246-249
– (2008 a): [Rezension von] Rychner, Marianne: Grenzen der Marktlogik. Die unsichtbare Hand in der ärztlichen Praxis. Wiesbaden: VS Verlag für Sozialwissenschaften 2006. In: sozialer sinn 2: 387-392
– (2008 b): Normen und Normalität. In: Willems, Herbert (ed.), [Grundlagen der Soziologie und Mikrosoziologie], Wiesbaden: VS Verlag für Sozialwissenschaften, 165-184 [Lehr(er)buch Soziologie. Für die pädagogischen und soziologischen, Bd. 1]
– (2010): Videoaufzeichungen in der interpretativen Sozialforschung. Anmerkungen zu Methodologie und Methode. In: sozialer sinn 2: 319-352
– (2013): Zur eigenlogischen Struktur einer Stadt. Konstitutionstheoretische, methodologische und methodische Reflexionen zu ihrer Untersuchung. Frankfurt/M.: Humanities Online
Lyotard, Jean-François (1986/1987): Beantwortung der Frage: Was ist Post-

modern? In: ders., Postmoderne für Kinder. Briefe aus den Jahren 1982-1985, Wien: Passagen Verlag, 11-31

MacConville, Una (2001): nearing death awareness. In: Howarth, Glennys; Leaman, Oliver (ed.), Encyclopedia of Death and Dying, London: Taylor & Francis, 325 f.

Mead, George Herbert (1934/1980): Geist, Identität und Gesellschaft aus der Sicht des Sozialbehaviorismus, Frankfurt/M.: Suhrkamp

– (1934/1983): Mind, Self, and Society from the Standpoint of a Social Behaviorist. Chicago, London: University of Chicago Press (Edited and with an Introduction by Charles W. Morris)

Melville, Herman (1851/1992): Moby Dick or The Whale. New York: The Modern Library

Meyer, Conrad Ferdinand (o. J.): Chor der Toten. In: ders., Sämtliche Werke, München: Th. Knaur Nachf. Verlag, 938

Miller, Max (1986): Kollektive Lernprozesse. Studien zur Grundlegung einer soziologischen Lerntheorie. Frankfurt/M.: Suhrkamp

Montaigne [Michel Eyquem de Montaigne] (1588/1793): Michael Montaigne's Gedanken und Meinungen über allerley Gegenstände. Bd. 3. Berlin: F. T. Lagarde (Ins Deutsche übersetzt. http://www.mdz-nbn-resolving.de/urn/resolver.pl?urn=urn:nbn:de:bvb:12-bsb10603335-1; zuletzt angesehen am 6. Mai 2014)

– (1588/2007): Les Essais. Paris: Gallimard (édition établie par Jean Balsamo, Michel Magnien et Cathérine Magnien-Simonin; édition des „Notes de lectures" et des „Sentences peintes" établie par Alain Legros)

Moody, Raymond A. (1975/1976): Life After Life. The investigation of a phenomenon – survival of bodily death. New York: Bantam (With a foreword by Elisabeth Kubler-Ross)

– (1977/1978 a): Reflections On Life After Life. London: Gorgi Books

– (1977/1978 b): Nachgedanken über das Leben nach dem Tod. Reinbek bei Hamburg: Rowohlt

Morin, Edgar (1951/1976): L'homme et la mort. Paris: Éditions du Seuil

Mozart, Wolfgang Amadeus; Schikaneder, Emanuel (1791/2004): Die Zauberflöte. Große Oper in zwey Aufzügen. In: Hafki, Thomas (ed.), Operntexte von Monteverdi bis Strauss. Originalsprachige Libretti mit deutschen Übersetzungen, Berlin: Directmedia, 15207-15330

Müller, Wilhelm (1824/2002): Die Winterreise. In: ders., Gedichte aus den hinterlassenen Papieren eines reisenden Waldhornisten 2, 79396-79422 [Deutsche Lyrik von Luther bis Rilke. Berlin: Directmedia]

Nádas, Péter (2002): Der eigene Tod. Göttingen: Steidl (Aus dem Ungarischen von Heinrich Eisterer)

Nissen, Bernd (ed.) (2012): Wendepunkte. Zur Theorie und Klinik psychoanalytischer Veränderungsprozesse. Gießen: Psychosozial-Verlag

Nooteboom, Cees (2010): Paula II. In: ders., Nachts kommen die Füchse. Erzählungen, Frankfurt/M.: Suhrkamp, 133-149

Noyes, Russell (1971): Dying and Mystical Consciousness. In: Journal of Thanatology Jan./Febr.: 25-41

– (1972): The Experience of Dying. In: Psychiatry: 174-183

– (1979): Near-Death Experiences: Their Interpretation and Significance. In: Kastenbaum, Robert (ed.), Between Life and Death, New York, 73-88

–; Kletti, Roy (1976 a): Depersonalization in the Face of Life-Threatening Danger: A Description. In: Psychiatry: 19-27

–; – (1976 b): Depersonalization in the Face of Life-Threatening Danger: An Interpretation. In: Omega 7: 103-114

–; – (1977): Panoramic Memory: A Response to the Threat of Death. In: Omega: 181-194

Oevermann, Ulrich (1986): Kontroversen über sinnverstehende Soziologie. Einige wiederkehrende Probleme und Mißverständnisse in der Rezeption der »objektiven Hermeneutik«. In: Aufenanger, Stefan; Lenssen, Margrit (ed.), Handlung und Sinnstruktur. Bedeutung und Anwendung der objektiven Hermeneutik, München: Kindt, 19-83

– (1991): Genetischer Strukturalismus und das sozialwissenschaftliche Problem der Erklärung der Entstehung des Neuen. In: Müller-Doohm, Stefan (ed.), Jenseits der Utopie. Theoriekritik der Gegenwart, Frankfurt/M.: Suhrkamp, 267-336

– (1993): Die objektive Hermeneutik als unverzichtbare methodologische Grundlage für die Analyse von Subjektivität. Zugleich eine Kritik der Tiefenhermeneutik. In: Jung, Thomas; Müller-Doohm, Stefan (ed.), „Wirklichkeit" im Deutungsprozeß. Verstehen und Methoden in den Kultur- und Sozialwissenschaften, Frankfurt/M.: Suhrkamp, 106-189

– (1995): Ein Modell der Struktur von Religiosität. Zugleich ein Strukturmodell von Lebenspraxis und von sozialer Zeit. In: Wohlrab-Sahr, Monika (ed.), Biographie und Religion. Zwischen Ritual und Selbstsuche, Frankfurt/M., New York: Campus, 27-102

– (2000): Die Methode der Fallrekonstruktion in der Grundlagenforschung sowie der klinischen und pädagogischen Praxis. In: Kraimer, Klaus (ed.), Die Fallrekonstruktion. Sinnverstehen in der sozialwissenschaftlichen Forschung, Frankfurt/M.: Suhrkamp, 58-156

– (2001): Bewährungsdynamik und Jenseitskonzepte – Konstitutionsbedingungen von Lebenspraxis. In: Schweidler, Walter (ed.), Wiedergeburt und kulturelles Erbe. Reincarnation and Cultural Heritage, Sankt Augustin: Academia Verlag, 289-338

– (2003): Strukturelle Religiosität und ihre Ausprägung unter Bedingungen der vollständigen Säkularisierung des Bewusstseins. In: Gärtner, Christel;

Pollack, Detlef; Wohlrab-Sahr, Monika (ed.), Atheismus und religiöse Indifferenz, Opladen: Leske + Budrich, 339-387
– (2004): Sozialisation als Prozess der Krisenbewältigung. In: Geulen, Dieter; Veith, Hermann (ed.), Sozialisationstheorie interdisziplinär – Aktuelle Perspektiven, Stuttgart, 155-181
– (2008): „Krise und Routine" als analytisches Paradigma in den Sozialwissenschaften (Abschiedsvorlesung). (http://repo.agoh.de/Oevermann%20-%202008%20%E2%80%9EKrise%20und%20Routine%E2%80%9C%20als%20analytisches%20Paradigma%20in%20den%20Sozialwissenschaften.pdf; zuletzt angesehen am 6. Mai 2014)
– (2009): Biographie, Krisenbewältigung und Bewährung. In: Bartmann, Sylke; Fehlhaber, Axel; Kirsch, Sandra; Lohfeld, Wiebke (ed.), „Natürlich stört das Leben ständig". Perspektiven auf Entwicklung und Erziehung, Wiesbaden: VS Verlag für Sozialwissenschaften, 35-55
– (2013): Objektive Hermeneutik als Methodologie der Erfahrungswissenschaften von der sinnstrukturierten Welt. In: Langer, Phil C.; Kühner, Angela; Schweder, Panja (ed.), Reflexive Wissensproduktion. Anregungen zu einem kritischen Methodenverständnis in qualitativer Forschung, Wiesbaden: Springer Fachmedien, 69-98
Osis, Karlis; Haraldsson, Erlendur (1977): At the Hour of Death. New York: Avon books
Peirce, Charles Sanders (1868): On a New List of Categories. In: Proceedings of the American Academy of Arts and Sciences 38: 287-298
– (1906): Prolegomena to an apology for pragmaticism. In: Monist: 492–546 (http://www.existentialgraphs.com/peirceoneg/prolegomena.htm; zuletzt angesehen am 8. Apr. 2014)
Pfister, Oskar (1930): Schockdenken und Schockphantasien bei höchster Todesgefahr. In: Internationale Zeitschrift für Psychoanalyse 3/4: 430-455
Platon (1973): Ἀπολογία Σωκράτους – Des Sokrates Apologie. In: ders., Ἀπολογία Σωκράτους. Κρίτων. Εὐθύδημος. Μενέξενος. Γοργίας. Μένων – Des Sokrates Apologie. Kriton. Euthymdemos. Menexenos. Gorgias. Menon, Darmstadt: Wissenschaftliche Buchgesellschaft, 1-69 [Werke in acht Bänden. Griechisch und deutsch, Bd. 2]
Πλωτῖνος: Ἐννεάδες [Ἐννεάδε 6]. (http://hiphi.ubbcluj.ro/fam/texte/plotin/enneade-6.pdf; heruntergeladen am 30. Okt. 2013)
Plotin (1878/2002): Enneaden (Enneades) [Übersetzung: Hermann Friedrich Müller]. In: Hansen, Frank-Peter (ed.), Philosophie von Platon bis Nietzsche, Berlin: Directmedia, 6605-7929
Poe, Edgar Allan (1845/1966): The Facts in the Case of M. Valdemar. In: ders., Complete Stories and Poems, Garden City/N. Y.: Doubleday & Company, Inc., 267-283

– (1845/1979): Die Tatsachen im Falle Valdemar. In: ders., Phantastische Fahrten 11. Faszination des Grauens, Herrsching: Manfred Pawlak Verlagsgesellschaft mbH, 839-854 [Das gesamte Werk in zehn Bänden, Bd. 4]

Pschyrembel (261., neu bearbeitete und erw. Aufl. 2007): Pschyrembel. Klinisches Wörterbuch. Berlin, New York: Walter de Gruyter (CD-ROM)

Rank, Otto (1923): Zum Verständnis der Libidoentwicklung im Heilungsvorgang. In: Internationale Zeitschrift für Psychoanalyse 4: 435-471

– (1926): Die psychische Potenz. In: ders., Sexualität und Schuldgefühl. Psychoanalytische Studien, Leipzig, Wien, Zürich: Internationaler Psychoanalytischer Verlag, 108-140

Rilke, Rainer Maria (1905/1987): Das Stunden-Buch. Enthaltend die drei Bücher: Vom mönchischen Leben / Von der Pilgerschaft / Von der Armut und vom Tode. In: ders., Gedichte. Erster Teil, Frankfurt/M.: Insel Verlag, 249-366 [Sämtliche Werke, Bd. 1]

– (1922/1987): Die Sonette an Orpheus. Geschrieben als ein Grab-Mal für Wera Ouckama Knoop. In: ders., Gedichte. Erster Teil, Frankfurt/M.: Insel Verlag, 727-773 [Sämtliche Werke, Bd. 1]

Roussel, Stéphane (1990/1994): Todesnähe. Erlebnisse jenseits der Nacht. Reinbek bei Hamburg: Rowohlt

Rychner, Marianne (2006): Grenzen der Marktlogik. Die unsichtbare Hand in der ärztlichen Praxis. Wiesbaden: VS Verlag für Sozialwissenschaften

Schelsky, Helmut (1963): Einsamkeit und Freiheit. Idee und Gestalt der deutschen Universität und ihrer Reformen. Reinbek: Rowohlt

Schröter-Kunhardt, Michael (1999): Nah-Todeserfahrungen aus psychiatrisch-neurologischer Sicht. In: Knoblauch/Soeffner 1999: 65-99

– (2002): Nah-Todeserfahrungen: empirisch-biologische Grundlagen für den Glauben an ein Leben nach dem Tod. In: Assmann/Trauzettel: 712-739

Schütte, Wolfram (ed.) (2003): Adorno in Frankfurt. Ein Kaleidoskop mit Texten und Bildern. Frankfurt/M.: Suhrkamp

Searle, John R. (1969/1983): Sprechakte. Ein sprachphilosophischer Essay. Frankfurt/M.: Suhrkamp (Übersetzt von R. und R. Wiggershaus)

– (1969/1995): Speech Acts. An Essay in the Philosophy of Language. Cambridge: Cambridge University Press

Shakespeare, William (1603/1975): Hamlet, Prince of Denmark. In: ders., The Complete Works of William Shakespeare, New York: Avenel Books, 1071-1112

– (1603/2002): Hamlet. Prinz von Dänemark (Übersetzung von August Wilhelm Schlegel). In: ders., Complete Works. English and German, Berlin: Directmedia, 17260–17483

Siegel, Ronald K. (1980): The Psychology of Life After Death. In: American Psychologist 10: 911-931

Sillitoe, Alan (1959/1975): The Loneliness of the Long Distance Runner. London: Allen

Simmel, Georg (1910/1984): Zur Metaphysik des Todes. In: ders., Das Individuum und die Freiheit. Essais, Berlin: Klaus Wagenbach Verlag, 29-35

Staehle, Angelika (2012): »Ich bin du und du bist ich«. Vom Leben als Schatten und Doppelgänger zu einer Psychisierung des Selbst. In: Nissen 2012, 53-79

Stagl, Justin (2002): Immanenz und Transzendenz – ethnologisch. In: Assmann/Trauzettel: 562-574

Stein, Gertrude (1973): Everybody's Autobiography. New York: Vintage Books

Strauss, Anselm; Glaser, Barney G. (1970): Anguish. A Case History of a Dying Trajectory. Mill Valley/CA: The Sociology Press

Sutherland, Cherie (1992): Transformed by the Light. Life After Near-Death Experiences. Sydney: Random House

Tasso, Torquato (1581/1992): Gerusalemme liberata. Hg. v. Caretti, Lanfranco. Milano: Arnoldo Mondadori Edditore

Tenbruck, Friedrich H. (1963/1996): Über Kultur im Zeitalter der Sozialwissenschaften. In: ders., Perspektiven der Kultursoziologie. Gesammelte Aufsätze, Opladen: Westdeutscher Verlag, 27-47

Thiede, Werner (1999): Todesnähe-Forschung – Annäherung an die Innenseite des Todes? Zur Geschichte und Hermeneutik der Thanatologie. In: Knoblauch/Soeffner 1999: 159-186

Tieck, Ludwig (1796/1978): Der blonde Eckbert (1796]. In: ders., Die Märchen aus dem Phantasus. Dramen, München: Winkler Verlag, 7-26 [Werke in vier Bänden]

– (1841/1854): Waldeinsamkeit (1841). In: ders., Novellen, Berlin: Georg Reimer 1854, 473-567 [Schriften, Bd. 26]

Толстой, Лев Николаевич (1886/2013): Смерть Ивана Ильича. (http://az.lib.ru/t/tolstoj_lew_nikolaewich/text_0136.shtml; zuletzt angesehen am 9. Jan. 2014)

Tolstoi, Leo N. (1886/o. J.): Der Tod des Iwan Iljitsch. In: ders. Der Tod des Iwan Iljitsch. Familienglück. Zwei Erzählungen. Wiesbaden: Emil Vollmer Verlag: 5-88

Tustin, Frances (1990/2008): Der autistische Rückzug. Die schützende Schale bei Kindern und Erwachsenen. Tübingen: edition discord

Tylor, Edward B. (1871/1929): Primitive Culture: Researches into the Development of Mythology, Philosophy, Language, Art and Custom. Vol. II. London: John Murray

Valéry, Paul (1946/2007): « Mon Faust ». Paris: Gallimard

Vaihinger, Hans (1911/1920): Die Philosophie des Als Ob. System der theoretischen, praktischen und religiösen Fiktion der Menschheit auf Grund eines idealistischen Positivismus. Leipzig: Felix Meiner 1920

von Goethe, Johann Wolfgang (1832/1982): Faust. Eine Tragödie. In: ders., Dramatische Dichtungen I, München: Deutscher Taschenbuch Verlag, 7-364 [Werke. Hamburger Ausgabe in 14 Bänden, Bd. 3]

von Humboldt, Wilhelm (1828): Über die unter dem Namen Bhagavad-Gíta bekannte Episode des Mahá-Bhárata (Gelesen in der Akademie der Wissenschaften am 30. Juni 1825 und 15. Juni 1826). In: Königliche Akademie der Wissenschaften zu Berlin (ed.), Abhandlungen der Königlichen Akademie der Wissenschaften zu Berlin. Aus dem Jahre 1825. Nebst der Geschichte der Akademie in diesem Zeitraum, Berlin: Königl. Akad. d. Wiss., 1-64

von Kleist, Heinrich (1878/1982): Über die allmähliche Verfertigung der Gedanken beim Reden. In: ders., Sämtliche Werke und Briefe in vier Bänden. Dritter Band, München, Wien: Carl Hanser

von Schirnding, Albert (1979): Angst vor dem Tod. Sterben im Zeitalter des verlorenen Ich: Schluß, Grenze, Hoffnung? In: ders., Durchs Labyrinth der Zeit. Aufsätze, Essays, Reflexionen, München: Pfeiffer, 225-238

Vonnegut, Kurt (1969/1970): Slaughterhouse-Five or The Children‘s Crusade. A Duty-dance with Death. London: Panther Book

Whitman, Walt (1973): Song of myself. In: ders., Leaves of Grass. Authoritative Texts. Prefaces. Whitman on his Art. Criticism, New York, London: Norton, 28-89

Whorf, Benjamin Lee (1942/1982): Sprache, Denken, Wirklichkeit. Beiträge zur Metalinguistik und Sprachphilosophie. Hg. v. Krausser, Peter. Reinbek bei Hamburg: Rowohlt Taschenbuch Verlag

Wiesenhütter, Eckart (1974/1977): Blick nach drüben. Selbsterfahrung im Sterben. Gütersloh: Gütersloher Verlagshaus Gerd Mohn

Wilson, Neil L. (1959): Substances without Substrata. In: The Review of Metaphysics 4: 521–539

Winnicott, Donald W. (1984): Reifungsprozesse und fördernde Umwelt. Frankfurt/M.: Fischer Taschenbuch Verlag

Wittgenstein, Ludwig (1952/1982): Philosophische Untersuchungen. Frankfurt/M.: Suhrkamp

Zaleski, Carol (1987): Otherworld Journeys. Accounts of Near-Death Experience in Medieval and Modern Times. New York: Oxford University Press

– (1987/1993): Nah-Todeserlebnisse und Jenseitsvisionen vom Mittelalter bis zur Gegenwart. Frankfurt/M., Leipzig: Insel Verlag (Aus dem Amerikanischen von Ilse Davis Schauer)

Dank

Herzlich danke ich Martina Loer, meiner Frau, die in jeder Hinsicht ermöglichte, dass ich über diese Erfahrung forschen und schreiben konnte. – Dank gebührt auch Tilman Allert, in dessen Kolloquium ich Teile meiner Thesen zur Diskussion stellen konnte, und der dies ermöglichte, obwohl er den Gegenstand für zu idiosynkratisch[1] hält. An den Stellen, an denen die Diskussionen des Kolloquiums für die vorliegende Schrift fruchttrugen, ist darauf verwiesen. – Wie oftmals so darf ich auch hier Sascha Liebermann, Alfter, danken, der den ersten Teil einer Fassung des Manuskripts mit gewohnt sorgfältiger Kommentierung versah und so zu mancher Schärfung der Ausführungen beitrug und entscheidende Explikationen beförderte. – Elisabeth Flitner, Berlin, danke ich ebenfalls für ihre Bereitschaft, sich der Mühe der Lektüre des Manuskripts zu unterziehen, und für hilfreiche Hinweise. – Schließlich ist auch der Universitätsbibliothek der TU Dortmund zu danken, deren Bestellsystem für die Literaturbeschaffung ich nutzen konnte, und Hartmut Neuendorff, der dies möglich machte.

1 Dass ich das anders sehe, zeigt das vorliegende Buch; eher könnte man es wohl für anmaßend halten und wie Montaigne über Canius Julius sagen: „Quelle asseurance estoit-ce, et quelle fierté de courage, de vouloir que sa mort luy servist de leçon, et avoir loisir de penser ailleurs en un si grand affaire?" (1588/2007: 389 {107})

Von den folgenden drei Zitaten sollte anfangs das erste das vorliegende Buch beschließen; es wurde zunächst durch das zweite und dieses dann durch das dritte ersetzt; zusammen aber geben sie den rechten

Ausklang

If you want me again look for me under your boot-soles.
(Whitman, Song of Myself)[1]

Und was wir an gültigen Sätzen gefunden,
Dran bleibt aller irdische Wandel gebunden,
Und unsere Töne, Gebilde, Gedichte
Erkämpfen den Lorbeer im strahlenden Lichte
(Meyer, Chor der Toten)[2]

Sei allem Abschied voran als wäre er hinter
dir, wie der Winter, der eben geht.
(Rilke, Sonette an Orpheus, II, 13)[3]

1 Zit. aus: Whitman 1855/1973: 89 {108}.
2 Zit. aus: Meyer o. J.
3 Zit. aus: Rilke 1922/1987: 759.

Anhang 1: Datenbasis

Hier folgt nun der komplette Text, der der Analyse zugrunde lag:

Der Flug des Einsamen in die Einsamkeit

Einleitung

Wolfgang Lipp schreibt in einem Beitrag über den Körper: Der Mensch „verliert den Körper erst mit dem Tod." (Lipp 2000: 10) Eine Erfahrung, die ich zwischenzeitlich gemacht habe – nach einem Beinbruch bekam ich vom Notarzt ein Betäubungsmittel zur Schmerzlinderung gespritzt, das fast zum Tode geführt hätte –, near death experience nennt man das wohl, lässt mich das Gegenteil behaupten. Nicht führt der Tod dazu, dass der Mensch den Körper verliert, denn dann müsste da ja eine Instanz sein, die weiterexistierte, ohne Körper, und dessen Verlust notierte; vielmehr ist es so, dass zunächst das Bewusstsein von anderen Bewusstseinen versinkt – mit dem Gefühl der Überraschung vermerkte ich, dass die Annahme, es gäbe außer mir noch andere Bewusstseine, wohl eine Täuschung war –, und dass dann auch das eigene Bewusstsein versinkt, und zwar auf eine Weise, die man nachträglich als ein Versinken in einem seinerseits versinkenden Körper bezeichnen kann. Den „Flug des Einsamen in die Einsamkeit" nannte Plotin das ja bekanntlich, und ich muss sagen, dass ich in diesem Bild die Erfahrung – auch mit ihren körperlichen Momenten – angemessen ausgedrückt finde. Der Einsame ist ja einsam, dadurch, dass er auf sich geworfen ist und alle Welt in sich fasst (was aus der Sicht eines Dritten nicht alle Welt sein muss). Wenn dieser sich nun auf dem Flug in die Einsamkeit befindet, so begibt er sich aller Möglichkeit, dass die Welt noch einmal an ihn herantritt, ihm als Äußeres sein Selbst erfahrbar macht. Und so versinkt er in einen Körper, der alle Sensoren in sich einzieht und somit selbst ebenfalls versinkt – in unterschiedslose Organizität. Es scheint mir eher ein entropischer Prozess zu sein, als dass da irgendwo noch eine Instanz gebündelter Energie wäre, die den Körper als das andere ihrer selbst, dessen sie verlustig gegangen ist, notieren könnte. – Aber das ist nur ein unbeholfener Versuch, einer Erfahrung Ausdruck zu verleihen, welcher damit noch längst nicht den Status eines Arguments hat, das einzig sich zum Widersprechen eignete. Nennen wir es also nicht ein Widersprechen, sondern einen Einspruch, der sich aus der Erfahrung gegen die Lippsche Formulierung erhebt.

Im Folgenden will ich zweierlei versuchen: Zum einen der Erfahrung, aus der der Einspruch erwächst, so genau wie möglich Ausdruck zu verleihen, um gewissermaßen ein Protokoll derselben zu erstellen, zum Anderen den Einspruch argumentativ zu entfalten und so einerseits Sterben als ein Grenzfall von Handeln angemessen zu rekonstruieren und andererseits gegenüber der Literatur über Sterben als Erfahrung (near death experience) dahingehend eine begriffliche Klärung zu erreichen, dass zwei Aspekte analytisch unterschieden werden können (und müssen): die universelle Struktur des Sterbens als letzter Handlung einer Lebenspraxis und die Deutung, die diese universelle Struktur je kulturspezifisch erfährt.

Sterben – Phänomenologie einer Erfahrung

Der Anlass

An einem Sonntag im Januar ging ich mit meiner Familie zum Rodeln auf eine nahe gelegene Abraumhalde – die einzige erwähnenswerte Erhebung im Umkreis von dreißig Kilometern –, auf der wir zuvor nie gewesen waren. Eine Rodelbahn, auf der schon viele gefahren waren, führte vom Gipfel der Halde, einem Aussichtspunkt, auf einen Weg hinunter. Alles war verschneit, und der Gang auf die Halde hinauf war ein schöner Winterspaziergang. An der Rodelstrecke angekommen, stieg ich mit unserem Sohn gleich zügig die Strecke hinan. Er mit einem Holzsschlitten, ich mit einer Plastikscheibe aus Kunststoff, einem sogenannten Ässchlitten. Kaum oben, ging's gleich los. Nach wenigen Metern landete ich in einem kleinen Loch, fuhr dann aber gleich weiter und erreichte eine hohe Geschwindigkeit. Der Schnee spritzte mir ins Gesicht, wodurch ich kaum noch durch meine Brillengläser sehen konnte. Ich hoffte nun, bald den Weg zu erreichen, um dort sanft auszugleiten. Was ich übersehen hatte: Zwischen Rodelhang und Weg war ein Graben, in dem ich landete, mit dem rechten Fuß voran; der drehte sich und war auf einmal unter meinem Gesäß. Ich spürte gleich, dass ich eine ernstere Verletzung hatte: Bruch oder

Bänderriss, spürte, dass ich mich so schnell nicht würde bewegen können, und bat meinen Sohn, der auch da war (auch heruntergerodelt?), mir schnell den Holzschlitten zu geben, auf den ich mich rasch hinaufstemmte und setzte, um nicht längere Zeit im kalten Schnee sitzen zu müssen.

Die „Rettung“

Da die Schmerzen im Bein, oberhalb des Knöchels, bei jeder Bewegung unerträglich waren, war mir klar, dass ich ohne fremde, ohne ärztliche Hilfe nicht herunterkam von der Halde und nicht ins Krankenhaus, wohin ich, das mir war ebenfalls klar, musste. Mit dem Handy einer Familie, die ebenfalls dort zum Rodeln war, wurde die Rettung verständigt. Es dauerte sehr lange, bis man endlich sich einen Rettungswagen nähern hörte. Die Sanitäter kamen mit einem aufblasbaren Kissen zum Schienen des gebrochenen Beins den Berg heraufgestiegen – mit dem Wagen die verschneiten engen Wege hinauf zu fahren, trauten sie sich nicht; auch war, wie ich später erfuhr, der Weg mit einer abgeschlossenen Schranke versperrt – in der Meinung, bei dem verletzten handle es sich um ein Kind – wer sonst verletzte sich wohl beim Rodeln – und überlegten nun, wie sie mich den Berg hinunterbekommen sollten. Tragen ging nicht, und – trotz Anlegen der Schiene, was sehr schmerzhaft war, aber dann eben auch durch Ruhigstellung weiteren Schmerzen weitgehend vorbeugte – ein Schlittentransport war, wegen der Schmerzen ebenfalls ausgeschlossen. Ein Arzt musste her.

Der wurde verständigt und kam nach geraumer Zeit – ich zitterte mittlerweile sehr, nicht nur vor Kälte – mit seinem dreißig Kilogramm schweren Notfallkoffer den Berg hinauf gestiegen. Um mir ein schmerzbetäubendes Mittel zu spritzen, wollte der Arzt das Betäubungsmittelkästchen in seinem Notfallkoffer öffnen, wozu er des Schlüssels bedurft hätte, der im Wagen der Sanitäter am Fuße der Halde war. Was nun? Mein Zustand wurde bedenklich, da ich langsam auskühlte, ich fror und zitterte sehr; nochmals den Berg hinunter wollte wohl niemand; es gab ja auch eine Alternative: Aus Mitteln, die mir unbekannt blieben, mischte der Arzt ein Medikament, dass er mir in die Vene spritzte. Die Reise begann …

Der Flug

Zunächst ließen langsam die Schmerzen nach, dann begann eine merkwürdige Fahrt. Schloss ich die Augen oder schlossen sie sich? Die Anspannung, das Zittern wich von mir, ich konnte mich wohlig sinken lassen. Alles Hörbare und alles Fühlbare – Stimmen, Bewegungen – rückte in eine unbestimmbare Ferne. Ich sank, und während des Sinkens setzte ich mich in Bewegung, besser: geriet in ein Rutschen, war plötzlich in einem röhrenförmigen, weißen Tunnel – wie eine Röhrenrutsche im Schwimmbad – durch den ich sehr schnell voransauste, dabei hörte ich ein Geräusch, ein monotones Brummen, das ich in einem Stück von Berlioz als tiefes Paukentremolo einmal wiederhörte. Zunächst wehrte ich mich, presste die Arme rechts und links neben meinem Körper unten gegen die Tunnelröhrenwand, die Geschwindigkeit war mir zu hoch. Je länger die Fahrt dauerte, desto gelassener wurde ich. Der Tunnel führte zunächst durch die Erde und dann, in einem Anstieg, der aber meine Geschwindigkeit nicht minderte, hinaus ins Nichts des Weltalls. Mit der Gelassenheit machte sich ein Gefühl von Überraschung breit, Überraschung darüber, dass es da gar nichts gab, die Welt nicht, und nicht, wie ich bis dahin angenommen hatte, andere Bewusstseine – das musste eine Täuschung gewesen sein. Auch mein Bewusstsein, das spürte ich, versank langsam, würde gleich weg sein. [Es war wie ein Versinken in sich selbst und wie das Selbstverlöschen einer Kerze.]* Ich muss da auch an meinen Vater, an dessen Sterben gedacht haben, gleichzeitig mich daran erinnernd und es – überraschender Weise – als eine Täuschung erkennend.

Dann, im Versinken, tauchte eine Erinnerung auf, aus tiefster Ferne, undeutlich, mit dem Begleitgefühl „da war doch was…“, unbenennbar, eine Erinnerung – so rekonstruiere ich nachträglich – an meine Familie, Kinder und Frau, und gleichzeitig beginne ich hörend wahrzunehmen: das Brummen verliert seine Monotonie, oder rückt als monotones in den Hintergrund, und aus ihm lösen sich, mehr und mehr sich differenzierend, zu unendlich langsamen Artikulationen sich langsam verdichtend, stimmenähnliche Geräusche, aus denen ich

* Nachträglich bei der Analyse hinzugefügt, Worte erinnernd, die ich noch im Krankenhaus benutzte, als ich anderen die Erfahrung beschrieb

nach und nach, mühsam, entziffern kann, dass es sich um aneinandergereihte Worte handelt – ohne diese zu verstehen. Um mich herum müssen Leute sein, die sprechen; Leute, von denen ich eben noch annehmen musste, dass es sich um eine Täuschung handelte, als ich davon ausging, es gäbe sie.

Als ich die Augen öffne, sehe ich um mich herum die wildesten, die merkwürdigsten unbekannten Gestalten: unidentifizierbare Gesichter mit bizarr abstehenden Haaren, die ich nicht fixieren kann, die sich dem identifizierenden Blick entziehen. Ich bin in einer anderen Welt als in der, an die ich mich erinnerte.

Die Rückkehr

Dann beginnen sich aus diesen sich bewegenden merkwürdigen Gestalten nach und nach, immer wieder und immer mehr, identifzierbare Gesichter herauszustabilisieren; ich beginne, in den Gesichtern mir bekannte wiederzuerkennen: meinen Sohn, meine ältere Tochter, die jüngere, meine Frau, den Arzt, einen der Sanitäter. Mein gebrochenes Bein fällt vom Schlitten, ich sage: „Aua." Ich höre meine eigene Stimme, ohne deren Dynamik identifizieren zu können. Ich frage, mühsam artikulierend, ob ich gerade geschrien hätte oder nur leise „Aua" gesagt hätte. Meine Stimme ist ähnlich verzerrt wie die Gesichter, wie die Stimmen der anderen, ist mir fremd. Ich höre mich reden wie einen anderen.

Die Abfahrt, die Operation

Ich werde auf eine Trage gelegt und in einen Krankenwagen geschoben. Darinnen erkundige ich mich, ob der Fahrer der Alois sei – mir war zuvor, vor der Spritze, gesagt worden, dass der Fahrer des Krankenwagens der Feuerwehr, die angefordert worden war, ein Österreicher namens Alois sei, der, so witzelten wir, sicher Bergerfahrung hätte. Als mir das bestätigt wurde, meinte ich: „Dann bist du ja der Bruder vom Ötzi, dann kann mir ja nicht's mehr passieren." Auf der Abfahrt von der Halde, die nun begann, fragte ich, ob jemand – im Fahrzeug muss der Arzt und ein Sanitäter anwesend gewesen sein – französisch spreche. Als der Arzt bejahte: „ Ja, ich ein wenig." – ich fragte, glaube ich, noch nach, wer das gesagt habe –, begann ich, Baudelaire zu rezitieren: „Les chats / Les amoureux fervants et les savants austères / aiment également, dans leur mûre saison, les chats, / qui comme eux sont frileux et comme eux sédentaire.“ {109}

Unten an der Halde wurde der Wagen seitwärts noch einmal geöffnet. Verschwommen erkannte ich noch einmal meine Kinder, erkannte eine Bekannte, die meine Frau mittlerweile gerufen hatte, dass sie sich um die Kinder kümmerten, damit sie ins Krankenhaus mitkönne. Diese hatte eine sich bei Sonne verdunkelnde Brille auf, die mir wie eine dunkle Sonnenbrille erschien, worauf ich sie wohl auch ansprach. Immer noch waren die Gesichter unruhig (mein Sohn erzählte mir später, nach dem ersten Öffnen meiner Augen hätten sich meine Pupillen ständig im Kreis gedreht; meine ältere Tochter hatte sich darüber und über mein Verhalten sehr erschrocken und geweint), aber eben doch schon wiederzuerkennen – jedenfalls die, die ich schon länger kannte. – Dann wurde ich ins Krankenhaus gefahren; erinnre mich, dort in einem gekachelten Kellerraum (hinterher erfuhr ich, dass es wohl nicht im Keller war) geröntgt worden zu sein; mir wurde mein Bruch erklärt und eine Operation mit Einbringen eines zu verschraubenden Metallstabs in die Schienbeinröhre empfohlen; ich war wieder soweit klar, dass ich mich dazu entscheiden konnte; musste einige Zeit warten und fror sehr; erhielt eine Rückenmarksanästhesie; wunderte mich über mein gesundes Bein, das wie ein fremdes auf eine Ablage gelegt wurde – fragte auch, im Spaß, wem denn das Bein gehöre, das dort abgelegt werde; und wurde dann, unter Einnahme eines Beruhigungsmittels, operiert. – In einem Bett, mit dem ich dann schließlich in ein Krankenzimmer geschoben wurde, wärmte ich mich langsam wieder auf.

Sterben – Begriff eines Grenzfalls von Handeln

Rekonstruktion der Sterbehandlung

Epilog

Und so wird mir verwehrt sein, jene Worte zu äußern, von denen W. H. Auden als den imaginierten letzten Worten seines Freundes berichtet: „In these days when it has become the medical convention, firstly, to keep the dying people in ignorance of their condition and, secondly, to keep them under sedation, how are any of us to utter what could be legitimately called our ‚last‘ words? Still, it’s fun to imagine what one would like them to be. The best proposed comment I know of is that of my friend Chester Kalman who said: ‚Well, I've never done this before.'" (Zit. n. Weick 1977: 46 {110})

Literatur[1]

Swetlana Alexejewitsch (1994): Im Banne des Todes. Geschichten russischer Selbstmörder. Frankfurt/M.: S. Fischer.

Renate Amuat (Hg) (1999): Last minute. Der Tod macht auch vor der Schule nicht Halt. Materialien für Lehrerinnen und Lehrer. Zürich: Pestalozzianum.

Harold Brodkey (1996): Die Geschichte meines Todes. Reinbek: Rowohlt.

Norbert Elias (1982): Über die Einsamkeit der Sterbenden in unseren Tagen. Frankfurt/M. (BS 772).

Dietmar Grieser (1999): Im Dämmerlicht. Ungewöhnliche Todesfälle. Wien: NP Buchverlag.

Hubert Knoblauch u. Hans-Georg Soeffner (Hg) (1999): Todesnähe. Wissenschaftliche Zugänge zu einem außergewöhnlichen Phänomen. Konstanz: UVK.

Wolfgang Lipp (2000): Körper, Körpersymbolik und Gesellschaft. Ein Körper, zwei oder drei: Rechnungen ohne Rest? In: Elmar Klinger, Stephanie Böhm u. Theodor Seidl (Hg): Der Körper und die Religion. Das Problem der Konstruktion von Geschlechterrollen. Würzburg: echter: 9-26.

Marcel Mauss (1978): Soziologie und Anthropologie. Bd. II: Gabentausch. Soziologie und Psychologie. Todesvorstellung. Körpertechniken. Begriff der Person. Frankfurt/M., Berlin, Wien (=Ullst.B. 3491).

Hans Meyer-Hörstgen (1987): Hirntod. Roman. Frankfurt/M. (=st 1437).

Stéphane Roussel (1994): Todesnähe. Erlebnisse jenseits der Nacht. Reinbek (rororo 9657).

Clive Seale (2000): Constructing Death. The Sociology of Dying and Bereavement. Chicago: Chicago University Press.

Karl E. Weick (1977): Organization Design: Organizations as Self-Designing Systems. In: *Organizational Dynamics*, Autumn 1977: 31-46.

Carol Zaleski (1993): Nah-Todeserlebnisse und Jenseitsvisionen vom Mittelalter bis zur Gegenwart. Aus dem Amerikanischen von Ilse Davis Schauer. Frankfurt/M., Leipzig: Insel.

1 Es handelt sich um eine erste Sammlung relevanter Literatur, die im Zuge der ersten, abgebrochenen Analyse begonnen wurde.

Anhang 2: Deutsche Übersetzungen der fremdsprachigen Zitate

1 „Denn niemand weiß, was der Tod ist" (Platon 1973: 35, Abschn. 29a)

2 „Denn was immer wirklich erstaunlich und beängstigend am Menschen ist, wurde niemals in Worte oder Bücher gefasst. Und das Verlocken in der Nähe des Todes, welcher gleicherweise alle einebnet, beeindruckt ebenso alle mit einer letzten Offenbarung, von welcher nur ein den Toten angehörender Autor angemessen erzählen könnte." (Melville 1851/1992: 686; eÜ)[1]

3 „eine der großen religiösen Lehren der Welt, der Glaube an das Fortbestehen der Seele in einem Leben nach dem Tod" (Tylor 1871/1929: 1; eÜ)

4 Entfernter Blick (Lévi-Strauss 1983; eÜ; der Titel der deutschen Übersetzung des Buches (Lévi-Strauss 1983/1985) ist eleganter, aber nicht angemessen)

5 „den Ausdruck des Blicks aus der Ferne. Ich habe bemerkt, daß dieser Ausdruck sehr genau die Einstellung des Ethnologen beim Blick auf seine eigene Gesellschaft wiedergibt, die er nicht als eines ihrer Mitglieder, sondern wie andere Beobachter wahrnimmt, die in weiter zeitlicher und räumlicher Entfernung von ihr postiert sind." (Lévi-Strauss/Eribon 1988/1989: 262)

6 „Der Glaube an ein Künftiges Leben zerfällt in zwei Hauptabteilungen. Eng miteinander verbunden und sich sogar wechselseitig überlappend, beide weltweit verbreitet, beide zurückreichend in Zeitalter unbekannten Altertums, beide tief verwurzelt in den tiefsten Schichten des menschlichen Lebens, die unserer Beobachtung zugänglich sind, sind diese beiden Lehren in der modernen Welt in zwei wunderbar unterschiedliche Zustände übergegangen. Die eine ist die Theorie der Seelenwanderung, welche tatsächlich von den niedrigsten Stufen aufstieg und sich unter den riesigen religiösen Gemeinschaften Asiens etablierte, groß in der Geschichte, enorm sogar in gegenwärtiger Anhäufung, doch gehemmt und, so scheint es, forthin von eher rückschrittlicher Entwicklung [...]. Ganz anders war die Geschichte der anderen Lehre, derjenigen von der unabhängigen Existenz der persönlichen Seele nach dem Tod des Körpers in einem Künftigen Leben. Weitergeleitet durch Veränderung nach Veränderung in der Verfassung der menschlichen Rasse, modifiziert und erneuert in seinem langen ethnischen Lauf, kann dieser Glaube von seinen rohen und primitiven Erscheinungsformen unter den wilden Rassen verfolgt werden bis

1 Die Hinzufügung „eÜ" bedeutet: eigene Übersetzung durch den Autor des vorliegenden Buches.

zu seiner Etablierung im Herzen der modernen Religion, wo der Glaube an eine künftige Existenz sowohl einen Ansporn zum Guten bildet, als auch eine durch das Leiden und über die Angst vor dem Tod hinweg andauernde Hoffung, sowie eine Antwort auf das komplexe Problem der Verteilung von Glück und Elend in der gegenwärtigen Welt: die Erwartung einer anderen Welt, die dies korrigiert." (Tylor 1871/1929: 2; eÜ)

7 „Sterbende können manchmal dabei beobachtet werden, wie sie mit jemandem, der für andere nicht sichtbar ist, interagieren, indem sie sie anlächeln, ihnen zunicken oder zu ihnen sprechen." (MacConville 2001: 326; eÜ)

8 „Sein Leiden war von jener Art, die präzise Voraussagen und Berechnungen bezüglich des Zeitpunktes gestattete, da der Tod ihm ein Ende setzen würde; und so ward schließlich zwischen uns vereinbart, daß er etwa vierundzwanzig Stunden vor der Zeit, welche ihm seine Ärzte als die seines Hinscheidens nennen würden, nach mir schicken wollte." (Poe 1845/1979: 841)

9 „Es gab früher Männer, die solch exzellente Haushälter der Zeit waren, dass sie im Tode selbst versucht haben, zu kosten und genau kennezulernen: und sie haben ihren Geist gespannt, um zu sehen, was es mit diesem Übergang auf sich hat: aber sie sind nicht zurückgekehrt, um uns Nachricht zu geben: niemand wacht auf und steht auf, der einmal von der kalten Unterbrechung des Lebens ergriffen wurde." (Montaigne 1588/2007: 389; eÜ, unter Beiziehung von Montaigne 1588/1793)

10 „Das unentdeckte Land, von des Bezirk / Kein Wandrer wiederkehrt" (Shakespeare 1603/2002: 17355; Hamlet, Akt 3, Szene 1)

11 „Es scheint mir allerdings als gäbe es eine Art, uns mit ihm [sc.: dem Tod] bekannt zu machen, und ihn in bestimmter Weise zu versuchen. Wir können davon eine Erfahrung haben, wenn auch nicht ganz vollkommen: zumindest eine, die nicht unnütz ist, und die uns stärker und sicherer macht. Wenn wir ihn nicht erreichen können, können wir uns ihm doch annähern, können wir ihn erkennen: und wenn wir nicht in seine Festung gelangen, wenigstens sehen wir und berühren wir die Zugänge zu ihr." (Montaigne 1588/2007: 389 f.; eÜ, unter Beiziehung von Montaigne 1588/1793)

12 „Wir haben keine Nachrichten außer von zwei oder drei Altvorderen, die diesen Weg betreten haben" (Montaigne 1588/2007: 396; eÜ, unter Beiziehung von Montaigne 1588/1793)

13 „Nah-Tod Erfahrungen (NDEs) wurden in der menschlichen Geschichte häufig berichtet. Es gibt Belege in der frühen griechischen und römischen Literatur, in westlicher religiöser Literatur des Mittelalters, in antiker Literatur des Buddhismus und in der mündlichen Geschichte und Folklore von eingeborenen Gesellschaften in Australien, Nord- und Südamerika und Ozeanien. Die parapsychologische Literatur hat seit

dem neunzehnten Jahrhundert NDEs diskutiert, die populäre Diskussion dieser Erfahrungen datiert allerdings von den frühen 1970er Jahren mit der Veröffentlichung von Raymond Moodys meist verkauftem *Life After Life* [*Leben nach dem Leben*] (1975). Moody prägte den Terminus Nah-Tod Erfahrung" (Kellehear 2002: 1; eÜ).

14 „Die Erfahrung des Sterbens" (eÜ)

15 „Was Wissenschaftler sagen können ist, dass die Forschung bis heute fruchtbare Indikatoren des Typus der Gehirn/Bewussteins-Modelle hervorgebracht hat, die benötigt werden, um die physiologische Basis dieser Erfahrungen weiter zu erforschen und besser zu verstehen. Fortschritte in diesem wissenschaftlichen Bereich werden Forscher unzweifelhaft mit einem grundlegenden Bezugspunkt für das Verständnis des breiten biologischen Kontexts der NDEs versehen, aber sie klären nicht die verschiedenen Ereignisse und Erfahrungen auf, die in der Nähe des Todes berichtet werden, und werden sei wahrscheinlich niemals aufklären." (Kellehear 2002: 2; eÜ)

16 „Während die *Form* der panoramatischen Erinnerung eine biologische Erklärung erlauben mag, erscheint ihr *Inhalt* bedeutsam in Begriffen der Antwort der Persönlichkeit auf den herannahenden Tod." (Noyes/Kletti 1977: 191; Kursiv. i. Orig.; eÜ)

17 „der Inhalt vieler dieser Erfahrungen wird von kulturellen Themen beeinflusst" (Kellehear 1996: 177; eÜ)

18 „wenn ‚wir' sind, ist der Tod nicht da; wenn der Tod da ist, sind ‚wir' nicht." (Epikur 1997: 45, § 125)

19 „Tod – das vollständige Aufhören von Lebensprozessen, das irgendwann in allen lebenden Organismen eintritt. Der Zustand des menschlichen Todes war immer verunklart von Geheimnissen und Aberglauben, und seine genaue Bestimmung bleibt umstritten, unterschiedlich gemäß der jeweiligen Kultur und dem Rechtssystem." (Encyclopædia Britannica 2014, Lemma ‚death'; eÜ)

20 „die Vorstellungskraft spielt den Demiurgen und schafft – unterstützt von der exaltierten Stimmung des Visionärs – eine neue Welt oder restauriert die natürliche Welt entsprechend ihrem himmlischen Vorbild." (Zaleski 1987/1993: 310)

21 „vom logischen und methodologischen Standpunkt aus betrachtet, könnte der Unterschied zwischen denen, die tot bleiben, und denen, die zurückkehren, alle Versuche der Untersuchung herausfordern" (Kastenbaum 1977: 32; zit n. Siegel 1980: 913; eÜ)

22 „Vielleicht genügt es völlig, auf das Auftauchen dieser Erfahrungen hinzuweisen und darauf zu bestehen, dass ein Verstehen des Sterbeprozesses sie berücksichtigen muss." (Noyes 1971: 40; eÜ)

23 „Diese Erzählung eines so geringfügigen Ereignisses wäre eitel, wäre da nicht die Lehre, die ich für mich daraus gezogen habe: denn, in Wahrheit

finde ich, gibt es nichts, um sich den Tod vertraut zu machen, als ihm sehr nahe zu kommen. Nun ist aber, wie Plinius sagt, jeder sich selbst ein gutes Studienmaterial, sofern er die Fähigkeit hat, von Nahem zu lauschen. Dies ist hier nicht mein Lehrsatz, dies ist, was ich lernte; und es ist nicht die Belehrung eines anderen, es ist meine eigene. Deshalb muss man es nicht für ungut nehmen, wenn ich es mitteile. Das, was mir nützt, könnte zufälligerweise auch einem anderen nützen." (Montaigne 1588/2007: 397; eÜ, unter Beiziehung von Montaigne 1588/1793)

24 „Personen, die wiederbelebt wurden, nachdem man dachte, sie seien klinisch tot, sie für klinisch tot befunden oder von Ärzten für klinisch tot erklärt wurden" (Moody 1975/1976: 16; eÜ)

25 „Personen, die im Zuge von Unfällen oder ernster Verletzung oder Krankheit dem physischen Tod sehr nahe kamen" (Moody 1975/1976: 16; eÜ)

26 „nur ein spürbares Streifen des Todes" (Moody 1975/1976: 16; eÜ)

27 „es ist nicht die Belehrung eines anderen, es ist meine eigene." (Montaigne 1588/2007: 396; eÜ, unter Beiziehung von Montaigne 1588/1793)

28 Befragte, „die sich zunächst nicht erinnern konnten, was während ihrer Bewußtlosigkeit geschah, ‚erst nach wiederholter Einladung und Ermutigung' [Schoonmaker, Anabiosis Mai 1979, S. 1] von ihrer Nah-Todeserfahrung" sprachen (1987/1993: 243).

29 „Jedermanns Autobiographie" (Stein 1937/1973; eÜ)

30 „In der Todesstunde" (Osis/Haraldssons 1977; eÜ)

31 „wie ein Eintauchen in eine neue Art von Wirklichkeit" (a. a. O.: 205; eÜ)

32 „Lazarus und tausend andere haben gesprochen. Nach unserem Urteil wäre es umsichtig, der zentralen Nachricht Aufmerksamkeit zu zollen, die von ihnen in der Todesstunde geflüstert wurde." (a. a. O.: 206; eÜ)

33 „Kein Wandrer wiederkehrt" (Shakespeare 1603/2002: 17355; Hamlet, Akt 3, Szene 1)

34 „der Akt der Aufmerksamkeit hat überhaupt keine Konnotationen, vielmehr ist er die reine denotative Macht des Geistes, das heißt, die Macht, welche den Geist zu einem Objekt leitet" (Peirce 1868: 288; eÜ)

35 „im wesentlichen ist das Weiß nicht so sehr eine Farbe als die sichtbare Abwesenheit von Farbe, und gleichzeitig das Konkrete aller Farben" (Melville 1851/1992: 282; eÜ)

36 „Es war das Weiß des Wals, das mich vor allem anderen entsetzte. [...] Obwohl das Weiß in vielen natürlichen Dingen die Schönheit erhöht, als ob es eine besondere Tugend von ihnen mitteilen würde, wie etwa in Marmor, Kamelien und Perlen; [...] und obwohl das Weiß neben all diesem sogar zu einem Zeichen für Freude gemacht wurde, denn unter den Römern bezeichnete ein weißer Stein einen freudvollen Tag; und obwohl derselbe Farbton bei anderen sterblichen Gefühlen und Sinnbil-

dern ein Emblem für viele berührende, noble Dinge gemacht wurde – die Unschuld von Bräuten, die Würde des Alters; [...] doch trotz all dieser aufgehäuften Assoziationen mit allem was immer süß und ehrenhaft ist und erhaben, da lauert noch ein schwer fassbares Etwas in der innersten Idee dieses Farbtons, welches die Seele mehr mit Panik schlägt als das Rot, welches im Blut erschreckt." (Melville 1851/1992: 272 ff.; eÜ)

37 „Prinzip der Ausdrückbarkeit" (Searle 1969/1983: 34)

38 „Das Prinzip, daß man alles, was man meinen, auch sagen kann" (Searle 1969/1983: 34)

39 „selbst in den Fällen, in denen es tatsächlich unmöglich ist, genau zu sagen, was ich meine, ist es grundsätzlich möglich, dahin zu gelangen, daß ich genau sagen kann, was ich meine. Prinzipiell, vielleicht sogar tatsächlich, kann ich meine Kenntnis der Sprache erweitern; um noch weiter zu gehen: wenn die existierende Sprache oder die existierenden Sprachen nicht ausreichen, wenn ihnen einfach die Mittel fehlen, um in ihnen sagen zu können, was ich meine, so kann ich im Prinzip die Sprache zumindest durch Einführung neuer Begriffe oder anderer Mittel bereichern. Jede Sprache stellt uns eine begrenzte Anzahl von Wörtern und syntaktischen Formen zur Verfügung, um zu sagen, was wir meinen, aber bei jeder Grenze, die eine Sprache der Ausdrückbarkeit setzt, bei jeder Unmöglichkeit, einen Gedanken sprachlich auszudrücken, handelt es sich um eine kontingente Tatsache und nicht um eine Notwendigkeit." (Searle 1969/1983: 35)

40 Prinzip der Barmherzigkeit

41 „Barmherzigkeit wird uns aufgezwungen; ob wir es mögen oder nicht, müssen wir, wenn wir andere verstehen wollen, davon ausgehen, das sie in den meisten Angelegenheiten richtig liegen." (Davidson 1974/2001: 197; eÜ)

42 „Narbengewebe"

43 „Das, was nicht unaussprechlich ist, hat keine Bedeutung ..." (Valéry 1946/2007: 102; eÜ)

44 „Das ‚Ich' als eine Reaktion auf die Situation, ist unbestimmt [...]. Wenn die Reaktion dann abläuft, erscheint sie im Erfahrungsbereich hauptsächlich als ein Bild der Erinnerung. [...] Wir tun etwas, doch setzt der Rückblick auf unsere Tätigkeit das Auftauchen von Bildern der Erinnerung voraus. Somit tritt das ‚Ich' tatsächlich erfahrungsgemäß als Teil eines ‚ICH' auf." (Mead 1934/1980: 219 f.; Kapitälchen i. Orig., sie sollen für den engl. Ausdruck ‚me' stehen)

45 „das ‚ICH' ist die organisierte Gruppe von Haltungen anderer, die man selbst einnimmt" (Mead 1934/1980: 219; Kapitälchen i. Orig., sie sollen für den engl. Ausdruck ‚me' stehen)

46 „Dieser geheimnisvolle Lärm klingt wie ein Abschied" (Baudelaire 1861/1975: 57; eÜ)

47 „aber sogar noch zweifelnd ob seiner Wiederkehr, war sich nicht sicher der erstaunte Geist. Blöde schaute er umher und erkannte schließlich die Sklaven und den Ort“ (Tasso 1581/1992: 287; canto 12, 74; eÜ)
48 „Schlachthof 5“
49 „So erfuhr Billy für eine Weile den Tod. Er ist schlicht violettes Licht und ein Brummen. Dort ist niemand da. Nicht einmal Billy Pilgrim ist da.“ (Vonnegut 1969/1970: 97; eÜ)
50 „tierischen Todeswahrnehmung“
51 „Ein Einzelnes Ereignis, welches einmal geschieht und dessen Identität auf dieses eine Geschehen begrenzt ist, oder ein Einzelnes Objekt, das in jedem Augenblick am selben einen Ort ist, solch ein Ereignis oder Ding, dessen Erscheinen signifikant ist genau dann und dort, wann und wo es erscheint, so wie dieses oder jenes Wort in einer einzelnen Zeile auf einer einzelnen Seite eines einzelnen Exemplars eines Buches, werde ich mir erlauben ein Token zu nennen.“ (Peirce 1906: § 537; eÜ)
52 „Überlagerungen“ (Moody 1975/1976: 174; eÜ)
53 „Eine Frau, die lange Zeiten allein unter den trostlosen Bedingungen des Nordpols verbrachte, berichtet eine panoramatische Vision von Ereignissen ihres Lebens. Schiffbrüchige Seeleute, die allein für viele Wochen in einem kleinen Boot trieben, haben Halluzianationen davon beschrieben, gerettet zu werden, manchmal von übersinnlichen Wesen wie Gespenstern oder Geistern.“ (Moody 1975/1976: 171; eÜ)
54 „Gruppe von Haltungen“
55 „bedeutenden Bruch unserer für selbstverständlich genommenen Welt und ihrer Bedeutung“ (Kellehear 1996: 20; eÜ)
56 „Sinn und Bedeutung, die der Erfahrende von seiner Erfahrung her konstruiert“ (Kellehear 1996: 43; eÜ)
57 „Der Tod stellt das unheilbare und unvermeidliche Scheitern aller Anstrengungen dar, aus dem Menschsein einen stabilen und unveränderlichen Zustand zu machen. Er ist, durch Verneinung, die hervorstechendste Bekundung der Zukunft, der offensichtlichste Wechsel des Zustands. Dieses Ereignis ist die schlechthinnige Bedrohung jeder Regel der menschlichen Existenz.“ (Cazeneuve 1958: 136; eÜ)
58 „die unabänderliche Vernichtung aller Stabilität des Menschseins“ (Cazeneuve 1958: 136; eÜ)
59 „eine kurze, theoretischerweise ‚ideale‘ oder ‚vollständige‘ Erfahrung, welche alle gemeinsamen Elemente enthält“ (Moody 1975/1976: 21; eÜ)
60 „das theoretisch vollständige Erfahrungsmodell [...] enthält sämtliche Elemente, die in typischen Todesnähe-Erfahrungen vorkommen“ (Moody 1977/1978 b: 5)
61 „Reihenfolge in welcher sie typischerweise auftreten.“ (Moody 1975/1976: 21; eÜ)

62 „Trotz der schlagenden Ähnlichkeiten zwischen verschiedenen Darstellungen sind nicht zwei von ihnen genau identisch“ (Moody 1975/1976: 23; eÜ).

63 „Selbst wenn wir davor scheuen, die ausgearbeiteten NDE-Modelle, die früh im Feld der Nah-Tod-Forschung auftauchten, zu akzeptieren, ist es, wenn wir wiederholt mit solchen Motiven konfrontiert werden, sicher gerechtfertigt, zu behaupten dass es eine Art Kern der NDE-Berichte gibt – einen Kern, der nicht notwendigerweise hinwegerklärt wird durch wohlbekannte Prozesse wie Intertextualität.“ (Fox 2003: 98; eÜ)

64 ‚Prinzip der begrenzten Möglichkeiten‘

65 „So kommt es vor, dass *die kulturellen Merkmale, wie sie in konkreten kulturellen Komplexen auftreten, wenn sie mit der Vielfalt ihrer Quellen verglichen werden, eine Begrenzung in den Entwicklungsmöglichkeiten formen*. Mit anderen Worten, dort gibt es eine Konvergenz, denn Konvergenz ist die Entwicklung kultureller Ähnlichkeiten, welche aus verschiedenen Quellen hervorgehen.“ (Goldenweiser 1913: 276 f.; Kursiv. i. Orig.; eÜ)

66 „Von den obigen Verallgemeinerungen sind die zwei von höchster Bedeutung für unser unmittelbares Problem die folgenden: die eine, welche sich auf die Begrenzung in der Anzahl und die Bestimmtheit im Typus konkreter Erscheinungsformen einer Kultur bezieht; die andere, welche von den Ähnlichkeiten spricht, die zwischen solchen konkreten Erscheinungsformen verschiedener Kulturen gewonnen werden.“ (Goldenweiser 1913: 274; eÜ)

67 „dass der Tod – in welcher Gestalt er auch immer erschienen mag – stets ein psychologisches Ereignis ist, aus der vollständigen Lebensgeschichte des Individuums erwachsend und das nachdrückliche Ergebnis seiner Individualität.“ (Eissler 1955: 104; eÜ)

68 „die kosmosförmige Konzeption „ (Morin 1951/1976: 123-147; eÜ)

69 „die kosmische Metamorphose oder Integration, bei der jedes Individuum sich einfügt und fortbesteht (Wiedergeburt, Todesschlaf etc.)“ (Morin 1951/1976: 114; eÜ)

70 „der ‚Doppelgänger‘ (Phantom, Geister…) oder der individualisierte Inhalt des Todes“ (Morin 1951/1976: 149-172; eÜ)

71 „die Individualität bestätigt sich über den Tod hinaus“ (Morin 1951/1976.: 114; eÜ)

72 „In ähnlicher Weise unterscheidet die australische NDE-Forscherin Cherie Sutherland in ihrer Studie über die umgestaltenden Effekte von NDEs, Reborn in the Light [Wiedergeboren im Licht] zwischen ‚Tiefenstrukturen‘, welche in vielen NDEs universell und historisch immer wieder aufzutauchen scheinen, und ‚Oberflächenstrukturen‘, welche einmalig für bestimmte Fälle sein mögen, indem sie argumentiert: ‚Die Tatsache, dass [NDErs] in einem anderen Reich gewesen sind, bildet, so könnte

man sagen, einen Teil der Tiefenstruktur der Erfahrung, wohingegen ihre Beschreibung oder Interpretation dessen, was ihnen begegnete, einen Teil der Oberflächenstruktur bildet, wie man es sehen könnte. Ich würde argumentieren, dass in Begriffen dieser Oberflächenstruktur kulturelle Prägung einen Einfluss haben *könnte*.‘ (Sutherland 1992: 30; Betonung im Original) Es ist wichtig, sich darüber klar zu sein, was genau hier behauptet wird. Sutherland suggeriert, dass es eine Kernerfahrung gibt – für sie, das tatsächliche Detail eines anderen Reichs, in das die NDEr reisen –, welche in Zeugnissen überlagert ist von oder vermengt ist mit der ‚Oberflächenstruktur‘ der kulturell geprägten Versuche der Erfahrenden, die Erfahrung, jenes Reich besucht zu haben, zu artikulieren oder zu interpretieren. Dies bietet sie als mögliche Erklärung dafür an, warum, zum Beispiel, die Dunkelheit unterschiedlich als ‚ein Tunnel, ein Tal, ein Kanal oder eine Leere‘ interpretiert wird und warum sogar die Geographie des transzendenten Reichs sich von Erfahrendem zu Erfahrendem zu unterscheiden scheint (Sutherland 1992: 30).“ (Fox 2003: 99; eÜ)

73 „Wie auch immer, es gab verschiedene Erwähnungen von Dunkelheit beschrieben als ein Leere, ein Kelch oder schlicht Dunkeheit. Dies lässt vermuten, dass Tunnelerfahrungen nicht kulturübergreifend sind, dass aber eine Phase der Dunkelheit dies sein könnte. Diese Dunkelheit wird dann kulturspezifischen Interpretationen unterworfen: ein Tunnel für Angehörige der westlichen Kultur, unterirdische Höhlen für Melanesier und so weiter.“ (Kellehear 1996: 35; eÜ)

74 „sich schnell durch einen dunklen Tunnel bewegen“ (Moody 1975/1976: 21; eÜ)

75 „Oftmals gleichlaufend mit dem Auftauchen des Geräuschs, haben Menschen die Empfindung, sehr schnell durch einen irgendwie gearteten dunklen Raum gezogen zu werden. Viele verschiedene Worte werden benutzt, um diesen Raum zu beschreiben. Ich habe gehört, wie dieser Raum als eine Höhle, ein Schacht, ein Durchbruch, eine Umhüllung, ein Tunnel, ein Kamin, ein Vakuum, eine Leere, ein Abflussrohr und ein Zylinder beschrieben wurde. Obwohl Menschen hier eine unterschiedliche Terminologie benutzen, ist klar, dass Sie alle ein und dieselbe Idee auszudrücken versuchen.“ (Moody 1975/1976: 30 f.; eÜ)

76 „Kulturvergleichende Studien bestätigen, dass die Erfahrung des Sterbens und des Besuchs der ‚anderen Seite‘ universelle Elemente und Themen beinhaltet, die vorhersagbar und bestimmbar sind. Diese Phänomene entspringen gemeinsamen Strukturen des Gehirns und des Nervensystems, gemeinsamen biologischen Erfahrungen und gemeinsamen Reaktionen des Zentralnervensystems auf Reizungen.“ (Siegel 1980: 911; eÜ)

77 „dass solche Merkmale wie Lebensrückblick und die Tunnelempfindung in klinischen Darstellungen der NDE nicht universell sind und dass deshalb die Entwicklung und generelle Anwendung von biologischen Theorien der Verursachung etwas voreilig sind.“ (Kellehear 1996: 23; eÜ)

78 „unsere Daten wurden elaborierten statistischen, Muster- und Inhaltsanalysen durch Computerevaluation unterzogen.“ (Osis/Haraldsson 1977: 2; eÜ)

79 „Halluzinationen können auf vielfältige Weise interpretiert werden. Wie auch immer, wenn wir alle solchen Fälle nehmen [sc.: Fälle von Menschen, die gestorben sind, nachdem sie es angekündigt hatten, nachdem sie mit verstorbenen Verwandten gesprochen hatten etc.] und einen Computer all ihre Eigenschaften heraussortieren lassen, können wir hoffen, zu sehen, ob sie den Begriff eines Lebens nach dem Tod stützen oder ob sie die Zerstörung der Persönlichkeit als das letzte Ende anzeigen.“ (Osis/Haraldsson 1977: 4; eÜ)

80 „Zusammen mit den anderen Belegen, die von sachkundiger Forschung zu dieser Frage zu erhalten sind [...] fühlen wir, dass die Gesamtheit der Informationen einen tatsachenbasierten, rationalen und von daher realistischen Glauben an ein Leben nach dem Tod ermöglicht.“ (Osis/Haraldsson 1977: 3; eÜ)

81 „Es hat den Anschein, dass, obwohl religiöse Zugehörigkeit das Auftauchen von Visionen am Totenbett nicht determiniert, religiöses Engagement – Unabhängig von der Konfession – sie etwas steigert.“ Osis/Haraldsson 1977: 75; eÜ)

82 „Bedauerlicherweise haben wir nicht viele Informationen über Patienten, die nicht an ein Überleben glaubten, und deshalb ist ein Vergleich nicht möglich.“ (Osis/Haraldsson 1977: 90; eÜ)

83 „Vom visuellen Kortex aus feuern optische Neuronen wahllos um zu produzieren, was Klüver unter anderen *Formkonstanten* nennt. Diese sind Gitter, Spinnennetze, Tunnel und Spiralbilder, die die meisten, wenn nicht alle halluzinatorsche Erfahrungen beherrschen.“ (Kellehear 1996: 121 f.; Kursiv. i. Orig. ; eÜ)

84 „mit psychologischen Artefakten ausgeschmückt“ wird (Zaleski 1987/1993: 257)

85 „Genau wie trauernde Personen sich an symbolische Verkörperungen ihrer verstorbenen Lieben klammern, so mögen sterbende Individuen eine Anhänglichkeit an Erinnerungen, Symbole ihrer Existenz, entwickeln.“ (Noyes 1979: 81; eÜ)

86 „Das medizinische Personal oder andere um seinen physischen Körper Versammelte mögen direkt dorthinschauen, wo er, in seinem spirituellen Körper, ist, ohne den kleinsten Anhaltspunkt dafür erkennen zu lassen, dass sie ihn sehen. Seinem spirituellen Körper fehlt auch Festigkeit; physische Objekte in der Umgebung scheinen sich mit Leichtigkeit durch

ihn hindurch zu bewegen und er ist nicht in der Lage irgendein Objekt oder eine Person, die er zu berühren versucht, zu ergreifen.“ (Moody 1975/1976: 44; eÜ)

87 „geistiger Körper“

88 „der geistige Körper ist gleichwohl *etwas*“ (Moody 1975/1976: 46; Kursiv. i. Orig.; eÜ)

89 „Ich hatte das Gefühl, einsam zu sein, weil ich jemanden da haben wollte, der es mit mir erfährt. Aber ich wusste, dass niemand anders da sein konnte. [...] Ich war unfähig irgendetwas zu berühren, unfähig mit irgendeiner der anwesenden Personen zu kommunizieren. Es ist ein überwältigendes Gefühl von Einsamkeit, ein Gefühl vollständiger Isolierung. [...] Es war als ob alle Beziehungen durchtrennt wären.“ (Moody 1975/1976: 54; eÜ)

90 „der Lebensrückblick ‚dient dem Selbst und seiner Kontinuität‘ [Butler 1963: 75]“ (Kellehear 1996: 37; eÜ)

91 „diese Rechtfertigung des eigenen Lebens [: „daß sein Leben ja gut gewesen sei“] fesselte ihn und ließ ihn nicht vorwärts und peinigte ihn mehr als alles“ (Tolstoi 1886/o. J.: 86)

92 „Wie, wenn in der Tat mein ganzes Leben, mein ganzes bewußtes Leben nicht das Wahre [im Orig. einfach: ‚nicht dieses‘] gewesen wäre?“ (Tolstoi 1886/o. J.: 83)

93 „‚Ja, es war alles nicht das Wahre [im Orig. wieder: ‚nicht dieses‘]‘, sagte er zu sich, ‚doch das macht nichts. Man kann ja, noch kann man es erreichen [im Orig.: vollbringen], das ‚Wahre‘ [im Orig. einfach: ‚dieses‘]‘.“ (Tolstoi 1886/o. J.: 87)

94 „‚So ist das also!‘ sagte er plötzlich laut. ‚Welch eine Freude!‘ [...] Er schöpfte noch einmal Luft, blieb mitten darin stecken, streckte sich lang aus und war tot [im Orig. aktiv und Tempuswechsel zum Präsens: und stirbt].“ (Tolstoi 1886/o. J.: 88)

95 „‚то‘“ – „das Wahre“ (Tolstoi 1886/o. J.: 87; im Orig. einfach: „‚dieses‘“)

96 „Personen, die im Begriff sind, ihr Leben zu verlieren, halten Erinnerungen an ihre Existenz fest, Erinnerungen, welche in Wirklichkeit Teil ihres Daseins sind. [...] Die Existenz eines Menschen vollendet sich und wird unwandelbar mit seinem Tod – nicht vorher. In diesem Moment wird ein Leben, während ihm seine Möglichkeiten genommen werden, in die Aktualität der Vergangenheit hinein gerettet.“ (Noyes 1972: 179; eÜ)

97 Eine „Erscheinung, die meist auf Personen begrenzt ist, die, als Folge einer plötzlichen Gefahr, glauben, dass der Tod bevorsteht.“ (Noyes/Kletti 1977: 192; eÜ)

98 „So, rückwärts reisend, schien jeder vergangene Augenblick meines Lebens in meiner Erinnerung in rückläufiger Folge aufzuscheinen; aller-

dings nicht in bloßem Aufriss, wie hier wiedergegeben, sondern in Bildern gefüllt mit jeder Minute und jedem Nebenaspekt. Kurz, der ganze Zeitraum meiner Existenz schien vor mir aufgerichtet in einer Art panoramatischen Rückblicks und jeder Akt darin scheint begleitet zu werden von dem Bewusstsein seiner Richtigkeit oder Falschheit oder von einigem Nachdenken über seine Ursache oder seine Folge; in der Tat drängten sich viele unbedeutende Ereignisse, die längst vergessen waren, in meine Vorstellung, und das mit dem Merkmal jüngster Vertrautheit [Mitteilung von Konteradmiral Sir Francis Beaufort, London Daily News, 15. Januar 1858]." (Noyes/Kletti 1977: 182; eÜ)

99 „Eine Antwort auf die Todesdrohung"

100 „In primitiven und archaischen Religionen wie denjenigen der amerikanischen Eingeborenen, der australischen Ureinwohner und vieler pazifischer Kulturen ist die Unterscheidung zwischen Selbst und der Welt weniger explizit." (Kellehear 1996: 38; eÜ)

101 „Nah-Tod-Erfahrungen hinweg über Kulturen" (Kellehear 1996: 22-41; eÜ)

102 „dass Tunnelerfahrungen nicht kulturübergreifend sind, dass aber eine Phase der Dunkelheit dies sein könnte. Diese Dunkelheit wird dann kulturspezifischen Interpretationen unterworfen: ein Tunnel für Angehörige der westlichen Kultur, unterirdische Höhlen für Melanesier und so weiter." (Kellehear 1996: 35; eÜ)

103 „dass NDEr versuchen eine Art Bewegung durch Dunkelheit zu beschreiben" (Kellehear: 38; eÜ)

104 „NDEs sind überraschenderweise gewöhnliche, normale Antworten auf ungewöhnliche, ausgefallene Umstände." (Kellehear 1996: 42; eÜ)

105 „Wenn wir ihn [sc.: den Tod] nicht erreichen können, können wir uns ihm doch annähern" (Montaignes 1588/2007: 389; eÜ, unter Beiziehung von Montaigne 1588/1793)

106 „So bieten die Glaubensinhalte primitiver Völker über den Gegenstand der Unsterblichkeit eine beachtliche Verschiedenheit von Wahlmöglichkeiten für jeden dar, der es unternehmen wollte, eine neue Religion zu gründen; er könnte die demokratische Doktrin der Unsterblichkeit für alle übernehmen; oder die aristokratische Doktrin der Unsterblichkeit nur für die Adeligen; oder die moralische Doktrin der Unsterblichkeit nur für die Guten; oder die unmoralische Doktrin der Unsterblichkeit nur für die Bösen; oder schließlich die schändliche Doktrin der Unsterblichkeit für niemanden. Eine dieser Alternativen muss jedenfalls richtig sein, da sie, alle zusammengenommen, doch die Möglichkeiten des Überlebens nach dem Tod auszuschöpfen scheinen; aber zu entscheiden, welche von ihnen die wahre Lösung für dieses grundlegende

Problem ist, liegt nicht in der Hand des einfältigen Anthropologen." (Frazer 1933/1977: 8; eÜ)

107 „Welches Selbstbewusstsein wäre es und welch stolzer Mut, zu wollen, dass sein Tod einem als eine Lehre diente, und die Muße haben zu wollen, anderweitig über eine so große Angelegenheit nachzudenken?" (Montaigne 1588/2007: 389; eÜ, unter Beiziehung von Montaigne 1588/1793)

108 „Wenn du mich wiedersehen willst, schau unter deine Stiefelsohlen." (Whitman 1855/1973: 89; eÜ)

109 „Die Katzen / Die glühenden Geliebten und die strengen Gelehrten / lieben gleichermaßen, in ihrer reifen Zeit, die Katzen / die wie sie sind: fröstelnd und sesshaft." (eÜ)

110 „Wie könnte in diesen Tagen, wo es zur medizinischen Übereinkunft geworden ist, erstens, Sterbende in Unwissenheit über ihren Zustand zu lassen, und zweitens, sie unter Beruhigungsmittel zu halten, jemand von uns das äußern, was legitimerweise unsere ‚letzten' Worte genannt werden könnte? Gleichwohl macht es Spaß, sich vorzustellen, welche man gerne sagen würde. Der beste vorgeschlagene Kommentar, den ich kenne, ist der meines Freundes Chester Kalman, der sagte: ‚Nun, ich habe das niemals zuvor getan.'„ (Auden, zit. n. Weick 1977: 46; eÜ)

Thomas Loer

Zur eigenlogischen Struktur einer Stadt

Konstitutionstheoretische, methodologische und methodische Reflexionen zu ihrer Untersuchung

104 Seiten, broschiert
Buchausgabe 16,80 Euro
ISBN 978-3-941743-33-5
E-Book (PDF) 9,80 Euro

Die vorliegende Studie zu den konstitutionstheoretischen und methodologischen Grundlagen und methodischen Möglichkeiten der Erforschung der eigenlogischen Struktur von Städten ist hervorgegangen aus einer Auftragsarbeit für den LOEWE-Schwerpunkt »Eigenlogik der Städte« im Bereich Stadtforschung an der Technischen Universität Darmstadt. Ausgehend von vielfältigen, klassischen und zeitgenössischen Versuchen, den Gegenstand ›Stadt‹ auf den Begriff zu bringen wird für die empirische Erforschung der Besonderheit von Städten ein Rahmen entwickelt. Dabei steht im Fokus, was sich uns als Eigenheit der Städte mitteilt. Gleichwohl wird zunächst die Frage nach der Konstitution des Gegenstands ›Stadt‹ gestellt und auf überraschende Weise beantwortet: *Stadt ist die Lösung des Problems des Auf-Dauer-Stellens eines (per definitionem) nicht autarken Ortes*. Dabei ist Ort – etymologisch zu verstehen als Handlungs-, ja Entscheidungsort noch ungeschieden zwischen seinem sozial-räumlichen und physikalisch-räumlichen Sinn – als ›Ort des religiösen, politischen und/oder ökonomischen Entscheidens‹ zu begreifen, der als dieser ein Ort des Übergangs ist und von daher nicht sich selbst genügend, im Wortsinn: autark, bestehen kann. Entsprechend stellt eine spezifische Stadt einen Fall von städtischem Siedeln als Antwort auf das Problem der Versorgung eines spezifischen nicht autarken Ortes dar, der religiösen, politischen oder ökonomischen Charakters ist – empirisch meist eine Mischung davon. Daraus ergibt sich die methodologische Bestimmung einer spezifischen Stadt als Fall, als eigenlogischer Struktur, die sich als Antwort auf das spezifische konstitutive Handlungsproblem herausbildete. Methodische Erkenntnis dieses Falles als individueller Gestalt muss uns in die Lage versetzen, das Individuelle an ihrer Gestalt auf den Begriff zu bringen, ohne es schlicht unter die gängigen Kategorien der Forschung über Gesellschaft zu subsumieren. Eine solche Methode muss rekonstruktiv die spezifische Selektivität, die von der jeweiligen ›Stadt‹ ausgeht und in der sie sich ausdrückt, bestimmen und so eben die eigenlogische Struktur, die diese Selektivität generiert, konzeptuell fassbar machen. Wie dies möglich ist, wird hier begründet und dargelegt.